John Coleman

LA FRANC-MAÇONNERIE DE A À Z

OMNIA VERITAS®

John Coleman

John Coleman est un auteur britannique et un ancien membre du Secret Intelligence Service. Coleman a produit diverses analyses concernant le Club de Rome, la Giorgio Cini Foundation, le Forbes Global 2000, le Interreligious Peace Colloquium, le Tavistock Institute, la noblesse noire ainsi que d'autres organisations qui se rapprochent de la thématique du Nouvel Ordre Mondial.

FREEMASONRY FROM A TO Z

Dr. John Coleman

La franc-maçonnerie de A à Z

Freemasonry from A to Z

Traduit de l'anglais et publié par Omnia Veritas Limited

© Omnia Veritas Ltd – 2022

ⓞMNIA VERITAS®

www.omnia-veritas.com

L a franc-maçonnerie est souvent décrite comme une "société secrète", mais les francs-maçons eux-mêmes estiment qu'il est plus correct de dire qu'il s'agit d'une société ésotérique, dans la mesure où certains aspects sont privés. La formulation la plus courante est que la franc-maçonnerie est devenue, au XXIe siècle, moins une société secrète et plus une "société à secrets". Les aspects privés de la franc-maçonnerie moderne sont les modes de reconnaissance entre les membres et des éléments particuliers du rituel. Par exemple, les francs-maçons peuvent demander aux nouveaux arrivants qu'ils rencontrent "êtes-vous sur la place ?".

Dans une société ouverte comme les États-Unis, on peut se demander pourquoi le secret est nécessaire. Décrire la franc-maçonnerie est une tâche ardue. Dire qu'il s'agit de la plus grande organisation fraternelle du monde avec plus de trois millions de membres aux États-Unis, sept cent mille en Grande-Bretagne et un million d'autres dans le monde entier, et qu'elle a fait l'objet de cinquante mille livres et brochures n'est qu'un début.

Depuis sa création officielle en 1717, la franc-maçonnerie a engendré plus de haine et d'inimitié que toute autre organisation laïque dans le monde. Elle a fait l'objet d'attaques incessantes de la part de l'Église catholique, son adhésion a été interdite aux hommes de l'Église mormone, de l'Armée du Salut et de l'Église méthodiste. Elle est interdite dans un certain nombre de pays.

Les allégations antimaçonniques se heurtent toujours à des difficultés car la franc-maçonnerie refuse de répondre aux attaques. Ce qui est surprenant, c'est le très grand nombre de dirigeants mondiaux, passés et présents, qui étaient et sont membres de la franc-maçonnerie : Le roi George VI d'Angleterre, Frédéric le Grand de Prusse et le roi Haakon VII de Norvège. L'histoire des États-Unis regorge de dirigeants qui étaient maçons, tels que George Washington, Andrew Jackson, James Polk, Théodore Roosevelt, Franklin D. Roosevelt, Harry Truman, Gerald Ford et Ronald Reagan.

La Seconde Guerre mondiale a été menée par des dirigeants maçonniques britanniques tels que Winston Churchill et le président américain Franklin D. Roosevelt, ainsi que par des chefs de l'armée américaine comme les généraux Omar Bradley, Mark Clark et George Marshall. Il est pratiquement impossible de savoir par où commencer ou terminer le récit de l'influence maçonnique sur tous les aspects de la vie au cours des 290 dernières années. Cet ouvrage est une tentative de rassembler ce qui rendra relativement facile l'explication de "ce qu'est la maçonnerie".

CHAPITRE 1

QU'EST-CE QUE LA FRANC-MAÇONNERIE ?

L'étude de la franc-maçonnerie est inépuisable, et de nombreux livres et articles savants ont été écrits et présentés sur le sujet ; par conséquent, je n'ai pas l'intention de m'aventurer sur les routes et les chemins de traverse de la maçonnerie et de me perdre dans un dédale de rituels et de symboles, car ces sujets ont de toute façon été couverts en grande partie par ceux qui sont pour et ceux qui sont contre la maçonnerie.

Le but de ces travaux est de vous donner un aperçu plus large de ce qu'est la Maçonnerie, de ce qu'elle représente, de ses buts et objectifs, et de la mesure dans laquelle elle a progressé vers ses objectifs déclarés. Pour cette raison, je traiterai d'abord de la Maçonnerie spéculative, la partie de la Maçonnerie qui traite des questions spirituelles de la vie et de la mort, de l'esprit humain, puis de ceux qui la contrôlent avec une brève explication de la Maçonnerie opérative.

Pour les détails des rituels et des cérémonies, j'ai puisé dans des ouvrages de référence sur la maçonnerie tels que la *Royal Masonic Encyclopedia*, ou comme on l'appelle parfois la *Cyclopedia*. Pour un compte rendu des endroits où les plus grands défenseurs de la Maçonnerie ont exposé leurs idées, notamment Albert Pike et le Dr Mackey, ainsi que dans des livres et des revues écrits par des ennemis acharnés de la Maçonnerie ; des hommes comme l'abbé Barruel, le professeur John Robinson, Eckert, Copin-Albancelli et Arthur Preuss, pour ne citer que quelques hommes érudits qui sont désignés par les Maçons comme "nos ennemis implacables". (Il est étrange que les Jésuites utilisent exactement la même expression).

Les origines de la franc-maçonnerie ont été débattues pendant plus de 150 ans. Selon Pike :

> « … Les origines de la franc-maçonnerie ne sont connues que des francs-maçons. »

Pike se laisse aller à prendre ses désirs pour des réalités. Son affirmation est destinée à tromper les imprudents et elle est assez typique de la tromperie pratiquée par la maçonnerie, un peu comme si l'on tombait entre les mains d'un magicien sans savoir comment il réalise ses illusions.

L'origine de la franc-maçonnerie est pourtant très bien connue ; ce n'est ni un secret, ni un mystère. Mais il est aussi certainement vrai que la majorité des maçons, qui ne dépassent jamais le quatrième degré, ne connaissent pas l'origine de la société dont ils suivent si servilement les diktats.

Le Dr Mackey, reconnu comme un franc-maçon et un porte-parole officiel de la Maçonnerie, l'admet volontiers. Son principal défenseur, J.F. Gould, confirme que de nombreux désaccords existent entre les Maçons eux-mêmes quant à son origine. C'est ce que l'on peut lire dans son ouvrage *The History of Freemasonry*. Les recherches contemporaines montrent que son origine se trouve dans le mysticisme babylonien et égyptien, associé à la magie noire.

Il s'agit d'un culte religieux, dédié à l'adoration de Lucifer.

Elle est anti-chrétienne et révolutionnaire, même si son maître, Lucifer, est le symbole de la rébellion contre Dieu, une rébellion qui se poursuit depuis des milliers d'années.

Le monde doit sa connaissance de la franc-maçonnerie au professeur John Robinson, l'un de ses membres les plus illustres qui a fait défection de ses rangs, et donc un homme que les francs-maçons ne peuvent qualifier de menteur ou d'ignorant. Le professeur Robinson a enseigné à la Royal Society d'Édimbourg, en Écosse. Sa matière : La philosophie humaine. Robinson était profondément impliqué dans les sociétés secrètes, la principale étant la secte bavaroise des Illuminati d'Adam Weishaupt.

Robinson était un franc-maçon du 33e degré, c'est-à-dire qu'il avait atteint le sommet de l'ordre des francs-maçons de rite écossais.

En 1796, Robinson a publié un article qui exposait les objectifs des Illuminati, prouvant que les Illuminati étaient très proches de la Maçonnerie. En fait, la maçonnerie était le véhicule utilisé pour diffuser les doctrines révolutionnaires des Illuminati, en commençant par la France.

Robinson a prouvé de manière incontestable que le but des Illuminati et de la maçonnerie est de détruire toutes les religions et tous les gouvernements et d'éliminer le christianisme de la surface de la Terre pour le remplacer par le culte luciférien.

Le nouvel ordre mondial promis par la franc-maçonnerie est un ordre mondial despotique et luciférien au sein d'un gouvernement mondial unique. Un jeu complet de plans pour la révolution à venir est tombé entre les mains du gouvernement bavarois, qui a été profondément alarmé, à tel point qu'il a envoyé des copies à tous les gouvernements et chefs d'État d'Europe, mais son message d'avertissement a été complètement ignoré.

Les documents de Weishaupt donnaient tous les détails de la Révolution française à venir. Un dévot de l'ordre maçonnique, le comte de Shelburne, a enseigné et formé Danton et Marat (les chefs radicaux de la Révolution française) et a dirigé chaque phase de la Révolution "française" depuis l'Angleterre.

CHAPITRE 2

LES ORIGINES DE LA MAÇONNERIE

L e Gnosticisme babylonien est la mère de la franc-maçonnerie, c'est pourquoi la lettre "G" figure au centre de l'étoile à cinq branches de la maçonnerie.

Malgré les dénégations furieuses des défenseurs de la Maçonnerie, une autorité non moins importante sur la Maçonnerie, de son Ordre le plus élevé, Éliphas Levy a dit que le fameux "G" signifie le Gnosticisme. Dans son ouvrage, *Dogme et Rituel de la Haute Magie*, volume II, page 97, Levy dit :

> Le "G", que les francs-maçons placent au milieu de l'étoile flamboyante, signifie le gnosticisme et la génération, les mots les plus sacrés de l'ancienne Kabbale.

Selon l'*Encyclopédie des Religions*, la Kabbale est un ancien mysticisme juif, et le Frère Edersham, une autorité sur la Kabbale. Comme je l'ai déjà dit, je ne veux pas entrer dans les détails, mais il est nécessaire d'établir très brièvement ce qu'est la Kabbale.

À cette fin, je cite d'autorité, le frère Edersham :

> Il est indéniable que, déjà à l'époque de Jésus-Christ, il existait un ensemble de doctrines et de spéculations qui

étaient soigneusement cachées à la multitude. Elles n'étaient même pas révélées aux érudits ordinaires (comme dans le cas des doctrines supérieures et des francs-maçons ordinaires) de peur de les entraîner vers des idées hérétiques.

Ce genre a porté le nom de Kabbala ; comme le terme l'indique (c'est-à-dire recevoir et transmettre), il représentait les transitions spirituelles transmises depuis les premiers âges, bien que mêlées, au cours du temps, à des éléments impurs ou étrangers.

Il s'agit de la même Tradition des Anciens, que Jésus-Christ a totalement condamnée dans des termes très forts, tels qu'ils sont consignés dans les quatre Évangiles, le compte rendu de ses paroles durant son ministère terrestre.

Il ressort clairement de ce qui précède que la maçonnerie est issue d'une religion totalement opposée au ministère du Christ. Il s'ensuit donc que, malgré ses dénégations véhémentes, la maçonnerie est anti-chrétienne dans son enseignement et dans son esprit. D'autres, implacablement opposés à la Maçonnerie, comme mentionné plus haut, vont encore plus loin. Une figure d'autorité sur la Maçonnerie, Copin-Albancelli, a dit :

> La franc-maçonnerie est la contre-église, le contre-catholicisme, l'église de l'hérésie.

Il cite plusieurs sources maçonniques notables pour étayer son affirmation, comme Copin-Albancelli, *Bulletin du Grand Orient de France*, septembre 1885, qui déclare :

> Nous, les Maçons, devons poursuivre la démolition totale des églises catholiques.

J'ai eu le privilège de pouvoir rechercher des documents sur la maçonnerie au British Museum de Londres pour voir si cette déclaration et d'autres qui suivent, ont été retirées ou rétractées. Mais sur une période de cinq ans de recherche intensive, je n'ai pu découvrir aucune publication maçonnique contenant une rétractation de ses intentions destructrices envers l'Église catholique.

Un autre exemple cité par Copin-Albancelli est le mémorandum du Suprême Conseil du Grand Orient (maçonnerie européenne), qui déclare :

> La lutte que se livrent le catholicisme et la maçonnerie est une guerre à mort sans trêve ni quartier.

Cette déclaration n'a jamais été rétractée.

Copin-Albancelli poursuit en donnant d'autres exemples, citant comme source le discours prononcé lors d'un banquet du solstice d'été en 1902 par le Frère Delpek qui a dit, entre autres :

> Les triomphes du Galiléen ont duré vingt siècles. Que l'Église catholique meure à son tour... L'Église catholique romaine, fondée sur le mythe galiléen (une référence à Jésus-Christ) a commencé à se décomposer rapidement, depuis la fondation de l'Association maçonnique ? Du point de vue politique, les francs-maçons ont souvent varié. Mais de tout temps, la franc-maçonnerie a été ferme sur ce principe : guerre à toutes les superstitions, guerre à tous les fanatismes !

Les informations qui précèdent, dont l'authenticité est incontestable, font des francs-maçons et de la franc-maçonnerie des antichrists et des antichrétiens, rejetant ses enseignements de la manière la plus dédaigneuse qui soit comme un mythe et une superstition galiléens. Leur haine et leur venin refoulés sont principalement dirigés vers l'Église catholique, mais certains disent que les catholiques ne sont pas des chrétiens. Croyez-moi, si cela était vrai, la franc-maçonnerie ne consacrerait pas 99% de son temps et de son énergie à essayer de détruire l'Église catholique. Pourquoi la franc-maçonnerie perdrait-elle un temps si précieux et tant d'énergie ? Soyons avant tout logiques sur ces questions.

Ce qui précède ne devrait laisser aucun doute sur la position de la hiérarchie de la Maçonnerie. Il établit aussi clairement que la Maçonnerie est politiquement impliquée malgré ses fréquentes protestations du contraire. Si nous résumons les conclusions à tirer des déclarations ci-dessus, nous ne pouvons arriver qu'à un seul jugement : La maçonnerie est essentiellement une société secrète fausse, trompeuse et mensongère, dans laquelle la plupart de ses membres sont portés par une marée de banquets, de rencontres sociales, de bonnes œuvres, de bonne volonté et de camaraderie philanthropique. Le caractère sinistre de la maçonnerie est complètement caché à la masse de ses membres, c'est-à-dire à ceux qui ne dépassent pas le degré bleu ou le quatrième degré.

Selon le savant Dom Benoit, un érudit supérieur de la Maçonnerie, dont même les Maçons reconnaissent qu'il avait une grande connaissance de leurs oracles spéculatifs secrets, la Maçonnerie est un culte du diable. Décrivant les cérémonies d'initiation du 25ème degré, (Chevalier du Serpent d'airain) les initiés jurent de travailler pour le retour de l'homme au jardin d'Eden. Le Maître mentionne le serpent comme un ami de l'homme tandis que notre Dieu — auquel les Maçons se réfèrent comme Adonaï ou Adonay

— est listé comme l'ennemi de l'homme.

Benoît dit que dans le 20ème degré, l'inférence du culte luciférien est encore plus positivement énoncée, car le président de séance dit à l'initié :

Au nom sacré de Lucifer, chassez l'obscurantisme.

L'obscurantisme est l'un des rares mots clés qui font écumer la bouche de tout maçon au-dessus du quatrième degré, lorsqu'il est mentionné en sa présence par quelqu'un qui n'est pas un maçon et qui, par conséquent, n'est pas censé connaître le mot et sa signification.

Comme je l'ai déjà dit, de nombreux maçons qui sont des chrétiens professants "une fois que vous connaissez ces mystères, peut-il y avoir une place pour le doute, que la maçonnerie est l'adoration de Lucifer et le dénigrement du Christ."

Benoît a un autre acte d'accusation, plus accablant, contre la maçonnerie, qu'il a énoncé de la manière suivante :

Qui peut être assez crédule pour penser qu'après tant d'affirmations sérieuses et constantes, que les Maçons respectent toutes les religions, que le souci de la religion et la haine de l'Église catholique n'existent que dans certains degrés maçonniques, dans lesquels on dit du Christ, qu'il est un ange déchu. J'ai vu les emblèmes d'une des Grandes Loges, qui est un calice portant l'image de l'hostie transpercée par un poignard, un autre, le monde avec la croix à l'envers, et un autre encore, le Cœur de Jésus avec la devise "Cor Ex Secranrum".

Dans un discours des Rites Lucifériens du Palladium

d'Albert Pike pour les Élus Réformés, Benoît déclare que les initiés ont pour instruction de "punir le traître Jésus-Christ, de tuer Adonaï en poignardant l'hostie après s'être assuré qu'il s'agit d'une hostie consacrée, tout en récitant d'horribles blasphèmes."

Pike est né en 1809 et est mort en 1891. Son livre, *Morals and Dogma*, confirme l'adoration de Satan et sa croyance en un Nouvel Ordre Mondial. Il dédaignait tout système politique qui n'était pas un gouvernement républicain limité avec des principes démocratiques. Selon Pike, le pouvoir politique, la richesse, la santé et une longue vie devaient être obtenus par le culte de Lucifer.

Le livre est très favorable à l'homosexualité, la couverture montrant un aigle à deux têtes. Il est clair que le thème central du livre est de détruire la moralité et la famille. Le livre condamne la moralité biblique et la famille, pierre angulaire de la civilisation.

Maintenant, je sais qu'il y a ceux, même de hauts maçons, qui vont dire "… nous avons été maçons toute notre vie et n'avons jamais été témoins d'une telle cérémonie". Bien sûr que non ! C'est la procédure standard de la maçonnerie ; seuls les élus sont initiés à ces rites. Si vous n'avez pas dépassé le 25ème degré, vous n'êtes pas au courant de ces vils rituels anti-Christ ! Et laissez-moi vous avertir, que toute tentative d'obtenir la confirmation de la revendication de Benoît par la hiérarchie maçonnique signifiera que vos jours en tant que maçon sont comptés. Vous serez par la suite un homme marqué, à qui on ne peut pas faire confiance.

Pour citer le frère Stroether, une autre autorité reconnue, qui n'a jamais été contestée par la maçonnerie, simplement parce qu'il était l'un des leurs, issu de leurs conseils internes, un homme qui a utilisé des mots qui sont revenus hanter les maçons :

La maçonnerie existe en France, en Espagne, au Portugal et en Amérique du Sud en tant qu'organisation antireligieuse, qui s'est transformée ces dernières années en une sorte de secte antithétique, qui ne cache pas sa haine des religions révélées.

Le Frère Stroether était un membre des élus, un Maçon de haut grade de Louisville, dans le Kentucky aux États-Unis. J'ai demandé à un certain nombre de Maçons de haut degré de commenter les paroles de Stroether. Sans exception, ils ont soit professé leur ignorance de l'identité du Frère Stroether, soit nié qu'il ait dit quoi que ce soit de ce genre. Un franc-maçon particulièrement indigné, un colonel de la police d'État de Caroline du Nord, m'a dit : "Ce genre de commentaire est le produit d'un esprit antimaçon malade".

Mais lorsque je l'ai confronté aux paroles de ses propres Maçons, il m'a averti que je serais bien avisé de quitter la Maçonnerie. Les mots qui l'avaient bouleversé étaient ceux prononcés par l'infâme Paul Lafargue (1842-1911) lors du Congrès international des Maçons du Grand Orient de 1866 à Bruxelles, en Belgique :

Guerre à Dieu ! Haine à Dieu ! Dans le progrès il faut écraser le Ciel, comme s'il était un morceau de papier.

Lors de la même conférence, un franc-maçon notable du nom de Lanesman a répété les mots utilisés en 1880, à savoir

Nous devons écraser l'infâme, mais cet infâme n'est pas le cléricalisme, cet infâme est Dieu.

CHAPITRE 3

LES ENNEMIS HISTORIQUES DE LA MAÇONNERIE

J'ai recherché avec diligence les documents dont ces extraits ont été tirés pour confirmer leur exactitude. De plus, avec le même soin, j'ai fait des recherches dans les dossiers maçonniques du British Museum de Londres, à la recherche d'une rétractation ou d'un désaveu de ces blasphèmes par des Maçons de haut rang ; mais mes recherches n'ont apporté aucune preuve que ces mots ne sont pas le credo de la Maçonnerie en général, ni qu'ils ont été retirés.

Un dirigeant maçonnique très respecté, qui a confirmé tout ce qui a été dit jusqu'ici, notamment la nature antéchrist de la maçonnerie, était son grand prêtre, Albert Pike, cofondateur des Rites Réformés du Nouveau Palladium et Souverain Pontife de la maçonnerie américaine. Albert Pike et Edgar Allen Poe avaient beaucoup en commun. Tous deux sont nés à Boston, en 1809. Tous deux étaient des écrivains et des poètes et tous deux étaient des opiomanes, ainsi que des maçons du 33ème degré et des luciفériens.

Dans l'*Encyclopédie Catholique*, nous lisons qu'Albert Pike et un autre franc-maçon important de haut rang, Adriano Lemmi, ont conspiré ensemble pour nuire à la religion chrétienne en Italie. Pike a écrit à Lemmi ce qui suit :

Il faut ruiner en peu de temps, les influences cléricales en Italie, les lois contre les congrégations religieuses doivent y être observées. Et (qu'en est-il) des écoles ? L'instruction catholique y est toujours donnée. Faites protester les gens par le biais des loges.

En d'autres termes, utiliser les loges maçonniques pour susciter des "protestations" contre les écoles catholiques.

Le professeur John Robinson a passé de nombreuses années à rechercher soigneusement l'exposition de la maçonnerie présentée par l'abbé Barruel.

Robinson déclare :

Barruel confirme tout ce que j'ai dit des Illuminés, qu'il appelle très justement Philosohistes et des abus de la franc-maçonnerie en France.

Il montre incontestablement, qu'une conspiration formelle et systématique contre la religion a été formée et poursuivie avec zèle par Voltaire, d'Alembert et Diderot, assistés par Frédéric II, roi de Prusse, et je vois, que leurs principes et leur manière de procéder ont été les mêmes que ceux des athées et anarchistes allemands.... Mais leur projet favori était de détruire le christianisme et toute religion, et d'opérer un changement total de gouvernement.

Robinson discutait du rôle indubitablement vital joué par la Maçonnerie dans la Révolution française, tel qu'il a été révélé par l'Abbé Barruel de la manière la plus précise et indiscutable. Si cela ne suffit pas aux sceptiques, qu'ils se tournent alors vers les "mots de passe" les plus importants de la Maçonnerie. L'un d'entre eux est basé sur Caïn, que le Christ a condamné comme tueur de prophètes dans Saint

Matthieu 23. Le mot de passe, Tubal Caïn, est une référence très explicite à Caïn. L'autre "mot secret" est INRI, "Igne Natura Renovatur Integra" - "Toute la nature est renouvelée par le feu", qui est utilisé pour décrire Jésus de Nazareth. L'initié est censé "découvrir" ce que cela signifie, ce qui donne un aperçu de l'infantilisme des rituels auxquels se livrent les maçons.

Puis le Maître de la Loge déclare :

> Mes chers frères, le mot est trouvé, et tous les assistants applaudissent à cette découverte, que Celui dont la mort a consommé la religion chrétienne n'était qu'un vulgaire juif crucifié pour ses crimes. C'est sur l'Évangile et sur le Fils de l'Homme que le Candidat doit venger la fraternité des Pontifes de Jéhovah.

Cette citation est tirée de l'ouvrage de l'Abbé Barruel traitant du 18ème degré de la Rose-Croix. Les Rose-Croix étaient des Maçons, qui ont fondé la Maçonnerie anglaise. Il est juste de dire, cependant, que la grande majorité des Maçons anglais n'ont jamais dépassé le Quatrième Degré, et nient vigoureusement que ce qui précède existe. En fait, plusieurs maçons anglais ont déclaré qu'ils étaient de fervents chrétiens et qu'ils ne prendraient jamais part au blasphème du Christ ou de son église ! La maçonnerie, pour la majorité de ses membres, n'est rien d'autre qu'une répétition des Premier et Quatrième Degrés. Il n'est pas étonnant que tant d'entre eux abandonnent à ce stade et ne tentent pas d'aller plus loin. Selon le très pro-maçonnerie Dr. Mackey, une autorité en matière de maçonnerie :

> ... Ce sont les explications et le Haut Degré en est le commentaire.

Il y a ceux qui disent que si la maçonnerie est si mauvaise, alors comment se fait-il que tant d'anglicans et même quelques papes étaient maçons ? Je conviens que des milliers de dirigeants de l'Église anglicane sont peut-être des maçons, mais ces hommes ne sont pas des chrétiens ; ce sont des agents clandestins de Lucifer, des dormeurs en place dans l'Église dont la fonction est de la détruire ! Pouvons-nous dire que "quelques Papes étaient francs-maçons", alors qu'il est impossible de le prouver, même s'il existe une forte suspicion qu'au moins trois Papes aient pu être francs-maçons ? Le soupçon n'est pas une preuve. Une fausse rumeur, lancée parmi les Maçons en Allemagne, selon laquelle le Pape Pie XI était un Maçon, s'est rapidement déplacée à Philadelphie. Eckert, l'une des autorités anti-maçonniques importantes, nous dit que cela a été fait pour éviter une enquête de suivi de l'affirmation, qui aurait été plus facile à promouvoir en Europe qu'aux États-Unis. Néanmoins, l'affirmation a été soigneusement étudiée par John Gilmary Shea, l'homme qui a beaucoup écrit sur la vie du pape Pie XI.

Les recherches de Shea ont prouvé que Pie XI n'avait jamais été membre de la Loge de Philadelphie. En fait, une telle Loge n'a jamais existé à Philadelphie ! Preuss, un autre célèbre chercheur de vérités maçonniques, confirme le complot, comme n'étant rien d'autre qu'une tentative de salir le pape Pie XI et l'Église catholique en général.

En réponse à la question souvent posée : "Qu'est-ce que la maçonnerie ?" Je ne peux faire mieux que de citer le grand savant et historien maçonnique Abbé Barruel... Il s'agit d'un mal malin des plus vils, une opinion confirmée par le Souverain Pontife Albert Pike, qui a dit :

Les Degrés Bleus ne sont rien de plus que la porte

extérieure du portail du Temple. Une partie des symboles reçus sont les mêmes, mais l'adepte est intentionnellement trompé par de fausses interprétations.

Il n'est pas prévu qu'il les comprenne, mais plutôt qu'il s'imagine les comprendre. Leur véritable interprétation est réservée aux Initiés, aux Princes de la Maçonnerie.

Ces mots figurent dans des documents sur Pike conservés dans le sanctuaire du British Museum, s'ils n'ont pas été retirés entre-temps, comme le sont tant de documents lorsqu'ils deviennent un jour une source de référence pour les enquêteurs sur la maçonnerie. Il doit y avoir quelque chose de "malignement mauvais" dans une société qui se met à tromper délibérément ses propres membres. Copin-Albancelli, l'historien maçonnique déjà cité, affirme que la maçonnerie est une force dirigée par les occultistes et utilisée comme un bélier contre la religion chrétienne.

CHAPITRE 4

L'ENCYCLIQUE MIRARI VOS DU PAPE GRÉGOIRE XVI

Dans cette encyclique, le Pape Grégoire a décrété que la Maçonnerie était :

> ... Tout ce qu'il y a eu de plus sacrilège, de plus blasphématoire et de plus honteux dans les hérésies et dans les sectes les plus criminelles s'est réuni dans la société secrète maçonnique comme dans un égout universel.

Pas étonnant que je sois troublé quand on me dit "les catholiques ne sont pas des chrétiens". Montrez-moi où il est écrit qu'un dirigeant protestant s'est jamais prononcé aussi fermement contre la maçonnerie que l'Église catholique. Je n'en ai pas trouvé un seul jusqu'à ce jour.

Cela permet peut-être d'expliquer le fait que Vladimir Lénine était un franc-maçon. Preuss dit du Frère Lénine qu'il appartenait à une loge secrète en Suisse, sous son vrai nom, Ulianov Zederbaum, à partir de laquelle il s'est efforcé de renverser la Russie chrétienne, un effort, je pourrais ajouter, dans lequel il a réussi, grâce à l'aide massive des Maçons de la Table Ronde, de Lord Palmerston, de Lord Milner et d'une foule de Maçons anglais du 33ème degré. Et pourtant, le gouvernement suisse a qualifié cet archidémon d'"intellectuel". Cela prend tout son sens quand on sait que depuis des siècles, le foyer de la franc-maçonnerie a toujours été la Suisse. La "fraternité" a montré dans le cas de Lénine que les francs-maçons se serrent les coudes, surtout dans les entreprises dont l'objectif est la destruction de la religion chrétienne, comme dans le cas de la Russie orthodoxe.

Le fait que les francs-maçons anglais aient gagné des milliards de dollars grâce au pillage de la Russie était bien sûr un bonus supplémentaire. La véritable satisfaction résidait dans le renversement du régime tsariste et le massacre à grande échelle des chrétiens (certifié comme étant de 60 millions), qui est devenu un modèle à suivre dans la guerre civile espagnole (juillet 1936-juin 1939). Je fais référence à juin 1939, car c'est le mois où Franco a défilé en triomphe dans les rues de Madrid, après avoir écrasé pour Dieu et la patrie, les forces lucifériennes de la maçonnerie communiste dans son pays.

Une autorité renommée que je n'ai pas encore mentionnée est Margiotta, qui fut initié aux Rites du Palladium et devint un "Prince de la Maçonnerie". Margiotta indique que Pike a exigé que le dieu de la Maçonnerie soit appelé Lucifer, bien contre la volonté de son frère Maçon, Adriano Lemmi, qui souhaitait que le dieu maçon soit appelé Satan.

Albert Mackey affirme que la Maçonnerie est là pour établir une Nouvelle Religion Universelle. La publication *A Cause* affirme que les Maçons doivent ignorer toutes les lois et l'autorité dans chaque pays, exactement en accord avec la nature révolutionnaire rebelle de Lucifer, qui s'est rebellé contre les lois et l'autorité de Dieu. On peut donc affirmer que, de par sa propre confession, la Maçonnerie est une force révolutionnaire, existant dans le but de renverser l'ordre actuel sur Terre, tout comme son maître Lucifer a essayé de renverser l'ordre existant de l'Univers ! La maçonnerie est un ordre paramilitaire, comme le confirment pleinement ses grades et ses symboles, qui sont de nature militaire.

Eckert et Benoit insistent tous deux sur le fait que la véritable autorité de la Maçonnerie, le Commandement Suprême, est de nature entièrement occulte, ce qui explique pourquoi le Commandement Suprême caché s'abrite derrière une masse de symboles et de cérémonies, qui ne doivent pas être découverts avant d'avoir atteint le plus haut degré de l'Ordre. Tous les efforts sont faits pour que l'identité (même un changement de nom) de ces dirigeants secrets soit cachée aux membres ordinaires, d'une manière similaire à celle utilisée par les bolcheviks en Russie. (Est-ce de là que les bolcheviks tiennent leur changement de nom ?)

Le 19ème degré de la franc-maçonnerie du rite écossais déclare :

> Faire la guerre à la Croix de Jésus-Christ. Adopter le culte de Lucifer de feu et de chair.

Ces mots ignobles font partie des preuves offertes dans *La Franc-Maçonnerie* de Benoît, l'exposé le plus remarquable de la maçonnerie disponible pour ceux qui cherchent à connaître le véritable but de la maçonnerie.

Trois mots font entrer les maçons du 33ème degré dans une colère noire :

> Catholicisme, Obscurantisme et Cléricalisme.

Le deuxième mot est uniquement un mot maçon, qu'ils aiment utiliser pour décrire les enseignements du Christ.

Il doit manifestement avoir un double sens pour inspirer la rage qu'il suscite lorsqu'il est utilisé par des non-maçons, car les non-maçons sont censés ignorer de tels mots et les maçons détestent être démasqués. La maçonnerie est une fausse fraternité, puisqu'elle exclut délibérément les pauvres et ceux qui n'ont aucune chance d'atteindre un jour le pouvoir politique et qu'elle trompe délibérément ses membres d'ordre inférieur.

CHAPITRE 5

ECKERT POSE UNE QUESTION PERTINENTE

Eckert pose cette question pertinente :

> Pourquoi l'Ordre exclut-il les pauvres, qui n'ont aucune valeur politique ou économique ? C'est un fait bien connu, et non nié par la Maçonnerie elle-même, qu'elle ne cherche à enrôler que ceux qui ont réussi une carrière commerciale ou politique. Le fait est que l'argent est la force motivante, lorsqu'il s'agit d'accueillir de nouveaux venus dans la confrérie.

Une hypocrisie aussi flagrante devrait servir d'avertissement à tous ceux qui ont été invités à se rendre dans l'un des temples maçonniques de leur région pour une rencontre sociale. C'est la manière habituelle dont ceux que l'Ordre estime pouvoir lui apporter un avantage financier font leur recrutement. Le maçon demande "Êtes-vous sur la Place", ce qui signifie "Êtes-vous un maçon ?". L'auteur de la question sait parfaitement, grâce à une poignée de main secrète, que la personne qu'il a abordée n'est pas un franc-maçon, mais quelqu'un qu'il pense être un candidat probable pour devenir membre de sa loge !

Traiter des degrés et des rituels nécessiterait un livre à part entière car il existe des centaines de rites, dont beaucoup sont à la limite de l'infantilisme.

Il existe de nombreux ouvrages de qualité consacrés uniquement à ces rituels, dont la lecture est fastidieuse. Selon la bible maçonnique, l'*Encyclopédie de la franc-maçonnerie*, et un ouvrage plus récent intitulé *The Meaning of Masonry*, de W.L. Wilmhurst, les principaux rites sont les suivants :

❖ Le Rite écossais ancien et accepté
❖ Le Rite d'Hérode
❖ Le Rite écossais ancien réformé
❖ Le Rite du Grand Orient (dont le Rite Français fait partie)
❖ Le Rite écossais philosophique (très utilisé en Suisse)
❖ Le Rite Électrique (très utilisé en Allemagne)
❖ Le Rite de Mizraïm (ancien rite égyptien)
❖ Le Rite Joanite

Il est intéressant de noter que le siège de la Maçonnerie universelle se trouve à Genève, en Suisse, sous l'intitulé d'Association maçonnique internationale. La Suisse, comme le montre l'histoire, a toujours été un refuge pour les révolutionnaires.

Un deuxième "siège de branche" se trouve à Lausanne et il est particulièrement secret. Ascona est le foyer du satanisme gnostique, de la maçonnerie et du communisme. Rappelez-vous, les Maçons sont des révolutionnaires, on leur a appris à être rebelles à tous les gouvernements existants, et les Maçons suisses ne font pas exception à cette injonction maçonnique.

Benoit dit des rituels maçons :

… Ils sont longs, fastidieux et excessivement enfantins.

Afin que leurs absurdités enfantines ne soient pas découvertes par des "étrangers", avant qu'une réunion de la Loge ne commence, elle est "couverte", un terme utilisé par les Maçons pour s'assurer qu'aucun étranger ou intrus n'est présent pour observer et rendre compte des débats.

Eckert et Copin décrivent ces agissements de diverses manières et utilisent le terme "bouffonnerie incroyable" pour les décrire. Le but de toutes ces pitreries, dit Copin, qui impliquent des mots de passe secrets inconnus des étrangers, et Hiram, (Hiram Abiff, roi de Tyr) prétendument le constructeur du Temple de Salomon, qui a été assassiné, est de tromper l'autorité séculière, et de lui faire croire que la Maçonnerie est une société bienveillante consacrée aux banquets, à la collecte d'argent pour les pauvres, et généralement à faire du bien à la communauté ! Copin dit que dans le rituel de la Chambre du Milieu, dans laquelle un Maître n'entre jamais, les membres doivent marcher et contremarcher "comme des écoliers".

Eckert poursuit :

> … Nous voyons dans le rituel une présentation théâtrale trop sérieuse pour être une blague, trop farfelue pour être sérieuse.

Néanmoins, c'est sérieux. Le but est d'écarter tous les membres qui montrent rapidement qu'ils n'ont aucune envie de progresser au-delà de ce point, de ceux qui suivent le rituel de manière servile. Hiram, bien sûr, est la pièce maîtresse. Pour eux, l'échelle qu'ils doivent gravir ne les conduit pas à de nouvelles folies, mais à une position plus élevée et plus digne de confiance dans la maçonnerie. Il est intéressant de noter certains des titres auxquels les enthousiastes peuvent peut-être un jour aspirer :

❖　　5ème degrés : Le maître parfait

❖　　11ème Degré : Le Sublime Élu des Douze du Prince Ameth

❖　　16ème Degré : Le Prince de Jérusalem

❖　　19ème Degré : Le Grand Pontife

❖　　28ème Degré : Le Chevalier du Soleil ou Prince Adepte

❖　　31ème Degré : Le Grand Inspecteur Inquisiteur Commandant

❖　　32ème Degré : Le Prince Sublime du Secret Royal

❖　　33ème Degré : Le Souverain Pontife de la Maçonnerie universelle

Le rite d'Hérode m'intéresse particulièrement. Pourquoi voudrait-on adorer un meurtrier comme le roi Hérode, qui a tué des milliers de nouveau-nés lorsque les mages lui ont apporté la nouvelle alarmante de la naissance du Christ ? La seule raison qui me vient à l'esprit est qu'Hérode a essayé d'assassiner l'Enfant Jésus et que les francs-maçons sont un ordre anti-Christ.

Mais c'est aux Princes de la Maçonnerie, ceux qui ont atteint le 33ème degré, que le vrai visage de la Maçonnerie se révèle. Adriano Lemmi, un tel Prince, l'a révélé dans son explosion de haine contre la famille et l'église dans sa lettre à Margiotta :

> Oui, oui, l'étendard du Roi de l'Enfer est en marche... et doit combattre aujourd'hui, plus énergiquement et plus ouvertement que jamais, tous les artifices de la réaction cléricale.

Ceux qui exécutent servilement les jeux enfantins de la Maçonnerie et suivent à la lettre tous les ordres cérémoniels sans rien manquer, sont connus sous le nom de "Maçons brillants", ce qui est deux étapes au-dessus de ce qu'on appelle les "Maçons couteaux et fourchettes", qui ne vivent que pour les nombreux festins et banquets dont jouissent les Maçons, tandis que les non-qualifiés pour un degré supérieur sont appelés "Maçons rouillés". Benoît dit que ces derniers sont également connus sous le nom de "maçons perroquets", parce qu'ils connaissent les leçons, mais pas leur signification. Il n'y a absolument aucune égalité dans les Loges, ce qui fait mentir les protestations des Maçons selon lesquelles tous sont égaux, et que "liberté, égalité et fraternité" est la pierre angulaire sur laquelle la Maçonnerie est construite.

Pike écrit que le culte de Lucifer n'est connu que de ceux qui ont atteint le dernier degré. Lord Christopher Soames, le traître du Zimbabwe, est une telle personne, tout comme Lord Carrington, l'ancien secrétaire général de l'OTAN. (Au sein du Congrès des États-Unis, nombreux sont ceux qui partagent l'avis de Lord Soames et de Lord Carrington. L'un d'entre eux qui vient rapidement à l'esprit est le sénateur Trent Lott, un maçon du 33ème degré). Copin, Benoit et Eckert nous rappellent tous que le mot de passe INRI, que j'ai expliqué précédemment, est un mot hostile au Christ. Je me demande comment le sénateur Lott et d'autres comme lui qui professent le christianisme peuvent concilier cela avec leur conscience.

Qu'est-ce que le culte luciférien ? Nous devons être clairs sur ce point afin de comprendre les Rites du Palladium de Pike, et ce que les Princes de la Maçonnerie suivent réellement, tout en professant être Chrétiens, comme dans le cas de beaucoup de membres de la hiérarchie de l'Église anglicane, des aristocraties d'Europe, sans oublier l'Establishment libéral de la côte Est des États-Unis et de nombreux membres du Congrès ! Comme l'explique Albert

Pike, le culte luciférien est un credo qui enseigne que Lucifer était le plus brillant des trois anges placés à la droite de Dieu, un super être doté d'une intelligence et de capacités supérieures. Son pouvoir était si grand qu'il a pu défier Dieu et prendre le contrôle de l'univers.

S'ensuivit une puissante bataille avec saint Michel, l'ange guerrier de Dieu (que les francs-maçons considèrent comme le frère de Lucifer), qui vainquit Lucifer et le chassa de la présence de Dieu.

Jésus-Christ y fait référence dans les Évangiles. Lucifer a été banni en enfer, qui est décrit comme un lieu réel dans l'univers. Lucifer a emmené avec lui un grand nombre des principaux anges de la hiérarchie céleste, qui étaient prêts à faire défection avec lui. Selon le credo luciférien, Dieu a donné à ces anges une autre chance de se repentir, car il a considéré qu'ils avaient été trompés par le maître trompeur, Lucifer.

C'est dans ce but que Dieu a créé notre planète et que les anges qui ont été trompés et qui ne se sont pas ouvertement rebellés ont reçu des corps à l'image de Dieu et ont été autorisés à habiter la Terre. Ces êtres étaient remplis du souffle de Dieu, de son esprit et de sa lumière, et étaient sanctifiés par Dieu. Ils ne se distinguaient pas des gens ordinaires, à l'exception du fait qu'ils n'avaient aucune connaissance de leur vie antérieure au Ciel. Mais ils recevaient des inspirations de sa parole pour les soutenir sur leur plan et conservaient un libre arbitre. Leur esprit était utilisé pour décider d'où émanaient les inspirations et les traduire en actes corporels, qui sont toujours soit positifs, soit négatifs — pas de juste milieu. Ces actes sont consignés dans un livre connu sous le nom de Livre de la Vie mentionné dans les Révélations.

Par leurs actions dans le domaine physique, ces êtres d'origine céleste décident de leur propre avenir, c'est-à-dire qu'ils peuvent accepter le plan de Lucifer, ou le plan de Dieu pour régir l'Univers. On pourrait dire que cela ressemble presque à ce qu'enseigne la Bible chrétienne, mais pas tout à fait.

Soudain, Satan apparaît, amené par Lucifer, en tant que Prince du Monde (Veuillez noter que l'utilisation du mot "Prince" est également utilisée par les Maçons) au moment de la création du monde. La tâche de Satan était d'amener les premiers parents à se détourner de Dieu et à rejoindre Lucifer, gâchant ainsi son plan.

Dieu, dit Pike, a marché dans le jardin d'Eden avec son premier fils, mais n'a pas réussi à l'instruire sur les plaisirs du sexe, parce qu'il est un Dieu jaloux et égoïste. Comme l'enseigne l'Ordre inférieur des Rites du Palladium, Dieu a agi ainsi parce que ce plaisir lui appartenait et qu'il ne devait pas être partagé avant que les enfants aient prouvé leur obéissance, leur intégrité et leur honnêteté absolue. Ce n'est qu'alors qu'il leur serait donné en récompense.

Puis, dit Pike, Satan a pris les choses en main et, sous l'ordre de Lucifer, a initié Ève aux plaisirs du sexe, que Dieu avait réservés à la procréation et dont il avait simplement reporté l'annonce aux premiers parents jusqu'à ce qu'ils soient prêts. Satan a dit à Ève qu'elle serait égale en puissance, comme Adam, à Dieu, et qu'elle n'aurait jamais à passer par la mort. Satan a initié Ève à ce qu'il nous plaît d'appeler "la connaissance charnelle", un terme qui est complètement trompeur.

C'est ainsi qu'a été introduit l'idéal luciférien de l'amour libre et du sexe libre, par opposition au plan divin du sexe dans les limites du mariage d'un homme et d'une femme dans le but d'engendrer des enfants, sur la base d'un désir spirituel d'instaurer le Royaume de Dieu sur Terre.

L'explication de la Messe Noire par Pike montre comment Eve a été corrompue, et au lieu que le sexe soit un acte d'amour physique et spirituel personnel et privé, il est devenu un étalage public de sexe ouvert à tous, ce qui est l'essence de la sorcellerie aujourd'hui. Il est juste de dire qu'étant donné les conditions qui prévalent aujourd'hui sur la Terre dans le domaine sexuel, Satan est en train de gagner la bataille, bien que temporairement, jusqu'à ce qu'il soit solidement vaincu par Jésus-Christ. D'où la haine incessante du Christ professée par les francs-maçons !

CHAPITRE 6

L'UTILISATION DE LA BIBLE CHRÉTIENNE DANS LES TEMPLES MAÇONNIQUES

Preuss et l'*Encyclopédie Catholique* confirment l'utilisation de la Bible et de la Croix dans les temples maçonniques. De nombreux Maçons d'ordre inférieur ont contesté l'affirmation faite de temps à autre, à savoir que la Maçonnerie est un culte luciférien. Ils disent : "Puisque nous affichons la Bible et la Croix, comment cela peut-il être possible ?". Cela fait partie du plan de tromperie de la Maçonnerie. La Bible n'est là que pour être tournée en ridicule dans l'ordre supérieur, de même que la Croix, qui est en réalité foulée aux pieds, tandis que les plus viles profanations sont proférées à son encontre.

Eckert confirme que la Croix et la Bible sont exposées pour les ramener au niveau des autres "livres" religieux de peu d'importance. Dans le 30ème degré du rite écossais, l'initié doit piétiner la croix, tandis que le chevalier Kadosh lui dit : "Piétine cette image de superstition ! Écrase-la !" Si l'initié ne le fait pas, il est applaudi, mais les secrets du 30ème degré ne lui sont pas transmis. S'il piétine la Croix, il est reçu dans l'ordre des Chevaliers Kadosh, et chargé d'exécuter sa vengeance sur trois images représentant le Pape, la superstition et le Roi.

Cette description graphique est donnée par la célèbre

autorité Benoit dans son ouvrage monumental, *La Franc-Maçonnerie*. Les francs-maçons espèrent ainsi faire avancer la cause de Lucifer qui veut régner sur l'univers. Certains francs-maçons sont allés jusqu'à se faire émasculer, estimant qu'une sexualité débridée, telle qu'elle est autorisée par le credo luciférien, pourrait très bien interférer avec leur travail d'instauration du royaume de Lucifer sur Terre. Janos Kader, l'ancien dirigeant hongrois, s'est fait castrer pour cette raison. L'Église catholique ne va pas jusqu'à cet extrême, mais exige le célibat des prêtres et des religieuses afin que les pressions sexuelles ne puissent jouer aucun rôle dans leur service à l'humanité et au Christ. Pike, bien que Souverain Pontife, a reçu ses ordres par le biais d'une série d'"Instructions" en 1889, par ce que Margiotta appelle un "Conseil Suprême de 23 Conseils de la Maçonnerie Mondiale".

Selon certaines traductions du texte, qui se trouve au British Museum de Londres, les instructions sont les suivantes :

À vous, Souverains Inspecteurs Généraux, nous disons ceci, afin que vous puissiez répéter aux Frères des 32ème, 31ème et 30ème Degrés : La religion maçonnique devrait, par nous tous, Initiés de hauts degrés, être maintenue dans la pureté de la doctrine luciférienne. Si Lucifer n'était pas Dieu, Adonaï dont les actes prouvent sa cruauté et sa haine de l'homme, sa barbarie et sa répulsion pour la science, Adonaï et les prêtres le calomnieraient-ils ? Oui, Lucifer est Dieu, et malheureusement Adonaï est aussi Dieu. Car la loi éternelle est qu'il n'y a pas de lumière sans ombre... Ainsi la doctrine sur le satanisme est une hérésie, et la pure et vraie religion philosophique est la croyance en Lucifer, l'égal d'Adonaï, mais Lucifer, Dieu de la Lumière et Dieu du Bien, lutte pour l'humanité contre Adonaï, le Dieu des Ténèbres et du Mal.

Telle est la véritable religion de la maçonnerie.

Les buts et les objectifs de la religion maçonnique, tels qu'ils sont décrits ci-dessus, entraînent des révolutions destinées à renverser le Royaume de Dieu sur Terre. Le renversement de la Russie chrétienne a été un grand triomphe pour les forces anti-chrétiennes, leur défaite par le général Franco en Espagne a été un coup catastrophique dans lequel la maçonnerie a également été battue, ce qui ne sera jamais pardonné à Franco. Si vous pensez qu'il s'agit d'un lien ténu, détrompez-vous : le plan maçonnique de séparation de l'Église et de l'État aux États-Unis est en train de déchirer l'Amérique, tout comme l'avortement, l'abandon forcé des prières à l'école et l'interdiction faite aux chrétiens de célébrer correctement les jours saints de Pâques, de la Pentecôte et de Noël en tant que jours fériés nationaux. (Pas à la manière des païens avec les œufs de Pâques et le Père Noël, etc.)

Ce ne sont là que quelques exemples de ce que cette doctrine a reconnu. La pression maçonnique est une pression puissante ! De peur que nous n'oubliions, ou même que certains d'entre nous ne l'aient jamais su, les francs-maçons de France ont appelé à renouer les liens avec le gouvernement bolchevique après une rupture mondiale des relations diplomatiques en protestation contre la violence et le bain de sang de la révolution bolchevique. Le président maçon Woodrow Wilson a été le premier à reconnaître le gouvernement bolchevique, malgré les protestations énergiques du Congrès. Le pouvoir de la maçonnerie est impressionnant !

Eckert :

Les francs-maçons ont organisé la Première Guerre

mondiale ; ils admettent être les insurgés les plus féroces et les apôtres des assassinats dans le monde.

L'assassinat de l'archiduc Ferdinand d'Autriche à Sarajevo, généralement considéré par les historiens comme l'étincelle qui a enflammé l'Europe pendant la Première Guerre mondiale, était une affaire maçonnique. De nombreuses autorités, outre Eckert, sont d'accord avec cette affirmation. De l'explication du rituel ainsi que de l'histoire séculaire et des confessions des membres de l'Ordre, on peut conclure à juste titre que la franc-maçonnerie est une conspiration contre l'autel, le gouvernement et les droits de propriété, avec l'objectif d'établir sur toute la surface de la Terre, un règne social théocratique, dont le gouvernement politico-religieux aurait son Siège à Jérusalem. La condition indispensable à cette réalisation est la destruction des trois obstacles qui s'y opposent, l'Église Catholique, les gouvernements nationaux et la propriété privée.

L'objection du milieu est largement tombée. Il n'y a pratiquement pas un seul gouvernement où la maçonnerie, si elle n'est pas la bienvenue, est au moins tolérée sans entrave. Je me demande souvent ce qu'il y a dans les gouvernements qui permettent à ce cancer en leur sein de vaincre tous les efforts pour freiner ses activités. Les gouvernements ne peuvent pas être aveugles à l'histoire, qui regorge d'exemples de trahison maçonnique. Pourquoi donc cette société secrète diabolique, cette religion luciférienne, est-elle autorisée à exister au sein même des nations chrétiennes ? Pourquoi toute société secrète est-elle autorisée ? J'aimerais que quelqu'un de mieux renseigné que moi résolve cette question qui me rend si perplexe.

Cela est peut-être dû au fait que les gouvernements de tous les pays occidentaux sont entièrement contrôlés par un gouvernement secret parasite, tel que celui que nous avons décrit dans notre ouvrage sur le Comité des 300, par l'intermédiaire de son Conseil des Relations Étrangères,[1] qui est absolument luciférien dans toutes les facettes de ses activités. En plus de cela, nous avons de nombreuses religions puissantes qui ne sont pas chrétiennes, et en effet, une religion majeure carrément anti-chrétienne jouant un rôle de premier plan dans toutes les activités anti-chrétiennes.

Les francs-maçons considèrent la destruction du Christ comme un but essentiel de leurs objectifs religieux, qui sont bien sûr totalement corrélés avec leurs aspirations politiques. L'Amérique devra encore payer un prix pour la "liberté de religion" et ce prix sera très probablement la destruction totale de cette grande République américaine telle que nous la connaissons sous sa forme actuelle. Si vous ouvrez les portes aux voleurs, vous devez vous attendre à ce que votre maison soit cambriolée !

Le mensonge maçonnique de "l'égalité de toutes les religions" a été exposé à de nombreuses reprises comme étant un charlatanisme, un mensonge spécieux, mais il vaut la peine de le répéter : En Maçonnerie, il n'y a pas de liberté de religion. Aucun autre culte que luciférien n'est toléré, et tous les autres sont dénigrés. Le christianisme, en particulier, peut s'attendre à ce qu'une attaque d'une extrême férocité soit lancée contre lui, lorsque les francs-maçons auront pris le pouvoir sur tous les gouvernements séculiers de ce monde, comme c'est leur objectif souvent déclaré.

Naturellement, la Maçonnerie ne diffuse pas ses intentions

---

[1] Le fameux CFR, NDT.

sur les toits de toutes les villes ; en effet, comme je l'ai dit précédemment, la majorité de ses membres sont complètement dans l'ignorance de ces vérités.

Pour citer à nouveau le Souverain Pontife, Albert Pike :

> La maçonnerie, comme toutes les religions, tous les mystères, l'hermétisme et l'alchimie, cache ses secrets à tout le monde, sauf aux Initiés, aux Sages ou aux Élus, et emploie de fausses explications et interprétations de ses symboles pour tromper ceux qui méritent d'être trompés et pour leur cacher la vérité, qui s'appelle lumière, et les en séparer.

Cette déclaration très franche, dont un certain nombre de Maçons contestent l'authenticité, a été vérifiée par Preuss, l'une des meilleures autorités en matière de Maçonnerie, et figure dans les papiers de Pike exposés au British Museum de Londres. Il n'y a absolument aucun doute sur l'authenticité de cette citation.

CHAPITRE 7

L'ORIGINE BRITANNIQUE
DE LA TROMPERIE

Les Britanniques ont fourni à ce monde de nombreux grands trompeurs. L'un d'entre eux me vient à l'esprit : Benjamin Disraeli, l'un de ses plus grands Premiers ministres, bien que jusqu'au moment où il a été recueilli presque sans le sou par les Rothschild, il ne s'était pas élevé à grand-chose. Mais c'est une histoire que j'ai racontée dans mon livre *La dynastie Rothschild*, une histoire qui n'a été révélée qu'à un très petit nombre. Disraeli est reconnu comme une autorité en matière de franc-maçonnerie, et longtemps après la fin de la Révolution française, il a fait la déclaration suivante :

> Ce ne sont ni les parlements, ni les populations, ni le cours des événements qui ont renversé le trône de Louis-Philippe... Le trône a été surpris par les Sociétés Secrètes, toujours prêtes à ravager l'Europe.

Je sais que cette phrase a souvent été citée dans le passé, mais j'ai estimé qu'il valait la peine de l'inclure dans ce livre, simplement parce qu'elle n'a pas moins d'importance aujourd'hui que lorsque Disraeli a prononcé ces mots en 1852.

Ne vous y trompez pas, les forces qui ont ravagé la France et la Russie sont prêtes à ravager les États-Unis. N'allez-vous pas prêter attention à voir comment l'Afrique du Sud a été trahie et vendue au Nouvel Ordre Mondial ? Si nous n'y prenons garde, nous méritons le sort qui nous accablera probablement tous, à moins que nous ne parvenions à réveiller le peuple américain ! Je dis cela parce qu'une étude de l'histoire secrète américaine met à nu l'influence meurtrière et maléfique de la franc-maçonnerie dans les affaires de cette nation. Les présidents Lincoln et Garfield ont tous deux été assassinés par des francs-maçons. De nombreuses sources indubitables indiquent que ces assassinats ont été préparés et planifiés par des francs-maçons et cela ne s'est pas arrêté là. Le président Reagan a échappé de peu à la mort aux mains de John Hinckley.

La franc-maçonnerie de rite écossais a planifié de nombreux complots d'assassinat de personnalités politiques devenues gênantes pour le pouvoir maçonnique. Le psychiatre, que Hinckley a d'abord consulté, était franc-maçon. Hinckley a été programmé pour commettre l'assassinat, qui a échoué. En bref, Hinckley a subi un lavage de cerveau tout autant que Sirhan-Sirhan. Comme je l'ai signalé dans des publications antérieures, le psychiatre de Hinckley, qui a ensuite témoigné à son procès, a reçu une "subvention" substantielle du Rite écossais de la franc-maçonnerie. Faut-il en dire plus ?

Pour ceux qui pensent encore que la franc-maçonnerie est un ordre philanthropique, voué à faire le bien, permettez-moi de vous suggérer de lire ce que Copin-Albancelli, un critique sévère, et Louis Blanc, un des chouchous de la maçonnerie, avaient à dire sur l'Ordre. Dans un moment de franchise, Blanc a mis à nu la tromperie de la maçonnerie pour que tous puissent la voir :

Comme trois degrés de la Maçonnerie ordinaire

regroupaient un grand nombre d'hommes opposés, en raison du statut et du principe de renversement social, les novateurs ont multiplié les degrés comme autant d'échelons pour gravir l'échelle mystique, ils ont institué les hauts degrés comme un sombre sanctuaire, dont les portails ne sont ouverts aux initiés qu'après une longue série d'épreuves (qui) sont destinées à prouver le progrès de son éducation révolutionnaire, la constance de sa foi et le temple de son cœur.

Blanc a fourni ce fait indéniable : la franc-maçonnerie est l'une des forces révolutionnaires les plus fortes du monde, et ce depuis sa création. Une fois de plus, nous devons remercier un porte-parole franc-maçon de nous avoir aidé à découvrir les preuves nécessaires pour étayer l'affirmation qui précède.

J'ai remarqué que, chaque fois que les francs-maçons organisent un grand banquet, l'un d'entre eux se lâche, et la vérité sort. Regardez la déclaration faite par le franc-maçon Jacques Delpech lors d'un très grand et important banquet tenu en 1902 :

> Le triomphe du Galiléen a duré vingt siècles, et il meurt à son tour. La voix mystérieuse, qui jadis sur la montagne d'Épire annonçait la mort de Pan, annonce aujourd'hui la mort du Dieu trompeur, qui promettait une ère de justice et de paix à ceux qui devaient croire en lui. L'illusion a duré bien longtemps ; le Dieu menteur disparaît à son tour ; il va rejoindre les autres divinités de l'Inde, de la Grèce et de l'Égypte, de Rome aussi, où tant de créatures trompées se sont jetées au pied de leurs autels. Francs-maçons, nous sommes heureux de le dire, nous ne sommes pas concernés par cette ruine des faux prophètes.

L'Église romaine, fondée sur le mythe galiléen, a

commencé à décliner rapidement le jour où l'association maçonnique a été constituée… De ce point de vue politique, les francs-maçons ont souvent varié, mais de tout temps, les francs-maçons ont tenu bon sur ce principe, guerre à toutes les superstitions, guerre à tous les fanatismes.

L'original de cette déclaration peut être vu au British Museum de Londres. J'ai cité un extrait de cette déclaration plus haut dans ce livre, mais après réflexion, j'ai jugé bon de l'inclure dans son intégralité, car je considère qu'il s'agit des mots les plus révélateurs jamais prononcés par un franc-maçon de haut rang.

Le rôle joué par la franc-maçonnerie dans la guerre entre les États, également connue sous le nom de guerre civile américaine, est peut-être moins connu. Une autorité en la matière est l'auteur Blanchard, qui dans son ouvrage, *Scottish Rite Masonry*, volume II, page 484, déclare à propos de ce conflit tragique :

> C'est l'acte de guerre maçonnique le plus infâme, après avoir brûlé leurs archives de 59 ans avant la guerre pour cacher la trahison. Mais l'esclavage régnait alors sur le pays et le Charleston du 33ème degré régnait sur les loges. Et les loges du Sud ont préparé la guerre la plus injustifiable et la plus infâme qui soit. Les Sudistes y ont été entraînés par des chefs, qui ont secrètement juré d'obéir aux ordres et aux chefs maçonniques, ou d'être égorgés !

Qu'a donc accompli la franc-maçonnerie jusqu'à présent ? Tout d'abord, sa guerre contre le Christ et l'Église s'est intensifiée grâce à un renouveau massif de la sorcellerie et à la propagation stupéfiante du gnosticisme au cours de la dernière décennie (voir mon ouvrage *Satanisme*).

La lutte avec l'Église catholique s'est également intensifiée. En 1985, il y avait plus de jésuites dans les conseils supérieurs du Vatican qu'à n'importe quel moment de l'histoire du catholicisme. Son ordre para-militaire, la Compagnie de Jésus, a pu se déployer dans le monde entier et causer des ravages parmi les nations, notamment au Zimbabwe, au Nicaragua, aux Philippines et en Afrique du Sud, et aussi, dans une très large mesure, aux États-Unis d'Amérique, où il a établi une véritable forteresse-centre de commandement d'où il a pénétré dans toutes les branches du gouvernement. Elle a engendré un esprit d'anarchie qui balaie le monde sous de nombreuses formes, notamment sous la forme de la musique "rock" et de sa jumelle, la culture de la drogue, ainsi que dans la montée en flèche du terrorisme international. Il est bon de rappeler que, selon le Christ, Lucifer représente l'anarchie et la rébellion, dont il est le père. En examinant les progrès de la franc-maçonnerie, nous remontons à son premier grand triomphe, la sanglante Révolution française. Une fois encore, rappelez-vous les paroles du Christ : Satan est un meurtrier assoiffé de sang, et il l'a toujours été.

La franc-maçonnerie a joué le rôle principal dans la planification et l'exécution de la Révolution française. Pour ceux d'entre vous qui ne l'ont peut-être pas lu, je recommande le livre *La Révolution Française*,[2] de Nesta H. Webster. C'est l'un des livres les mieux documentés qui prouve, sans l'ombre d'un doute, que la Révolution française était une entreprise de la franc-maçonnerie, financée par les Rothschild, qui ont exprimé de cette manière leur haine bouillonnante et de longue date du

---

[2] *La Révolution Française, une étude de la démocratie*, Traduit en Français pour la première fois par Omnia Veritas, www.omnia-veritas.com

Christ.

Il en va de même pour la terrifiante révolution bolchévique de 1917. Dans les deux cas, nous voyons l'esprit de la franc-maçonnerie comme main directrice, en particulier la franc-maçonnerie britannique. Avant cela, nous avons vu la guerre anglo-boer, une tentative cruelle et implacable d'anéantir une petite nation pastorale de chrétiens craignant Dieu, le premier acte de génocide, mené uniquement pour prendre le contrôle des richesses minérales qui se trouvent sous le sol de l'Afrique du Sud. Oui, c'était le premier génocide enregistré contre une nation. Des francs-maçons de premier plan, tels que Lord Palmer et Alfred Milner, l'ont perpétré contre ce qu'ils considéraient comme une nation inférieure "bon marché" (selon les mots de Cecil Rhodes), la nation blanche et chrétienne des paysans Boers.

Au cours de cette guerre, nous avons assisté à la première utilisation de camps de concentration et à une guerre totale contre la population civile (par opposition à l'armée), qui a entraîné la mort de 27 000 femmes et enfants. La cruelle guerre de Crimée a été un autre jalon dans la progression de la franc-maçonnerie universelle.

La guerre d'Abyssinie, une autre guerre génocidaire, a été déclenchée dans le seul but de déchirer l'Italie et d'affaiblir l'Église catholique. Ce n'était rien d'autre qu'une intrigue de la franc-maçonnerie du début à la fin. Le général Rodolfo Grazziani était un franc-maçon de premier plan, et toute l'affaire est une planification de Mazzini, maître maçon et intrigant hors pair du réseau maçonnique.

Il n'est donc pas étonnant que Mussolini ait interdit la franc-maçonnerie en Italie en 1922 et exilé certains de ses dirigeants, comme Bartelemeo Torregiani. Comme d'habitude, ils se sont rendus à Londres, la capitale mondiale des mouvements subversifs et rebelles de toutes sortes, où la presse britannique a tenté de tromper le peuple britannique en rapportant que les francs-maçons italiens n'étaient "pas les bienvenus", pour citer un grand journal qui a publié cette histoire en 1931.

Déjà mentionnée, la soi-disant guerre civile espagnole était une tentative d'installer un gouvernement communiste et de renverser l'Église catholique d'Espagne. Il s'agissait d'un autre complot maçon, quel que soit l'angle sous lequel on le considère. Les francs-maçons ont profité des troubles civils que leurs forces avaient suscités pour lancer un assaut furieux et sanglant contre l'Église catholique. Les statistiques officielles montrent que 50 000 religieuses et prêtres ont perdu la vie de la manière la plus cruelle et inhumaine qui soit. La haine de l'Église catholique était si violente que, lors d'une action terrible, les troupes socialistes ont déterré les cadavres de religieuses et de prêtres et les ont alignés en position assise contre les murs d'une église, leur ont mis des croix dans les mains et ont réprimandé, dénoncé et maudit les morts avec toutes les invectives viles qu'ils pouvaient trouver.

La presse occidentale étant alors, comme aujourd'hui, aux mains de la franc-maçonnerie, les "loyalistes" (les communistes, dont la seule loyauté était envers Lucifer) ont reçu le soutien de la presse mondiale. Pendant mes études au British Museum, j'ai fait une lecture approfondie de la couverture de la guerre par la presse, et j'ai également visionné un certain nombre de "journaux télévisés" et de films documentaires sur le sujet, en particulier certains "reportages", qui était évidement le travail de l'Institut

Tavistock.[3]

Sans exception, les ennemis de l'humanité ont été couverts d'éloges, d'adulation, de soutien et de réconfort, tandis que les forces de l'Espagne chrétienne, sous la direction du général chrétien Franco, ont fait l'objet de toutes les calomnies et accusations infondées de brutalité, que notre presse menteuse de l'Occident est si douée pour élaborer et mettre en œuvre. J'ose suggérer que si le Christ lui-même avait dirigé les forces de l'Espagne chrétienne, les vendus de la presse auraient réussi d'une manière ou d'une autre à saper même ses efforts !

---

[3] Voir John Coleman *L'institut Tavistock*, Omnia Veritas Ltd, www.omnia-veritas.com.

CHAPITRE 8

LES ASSASSINATS MAÇONNIQUES DE DIRIGEANTS MONDIAUX

L e complot maçonnique visant à assassiner l'archiduc Ferdinand à Sarajevo a réussi, et la Première Guerre mondiale, avec son terrible bilan de massacres de chrétiens blancs, en a été le résultat. La Première et la Seconde Guerre mondiale sont le résultat de l'intrigue, du complot et de la planification des francs-maçons.

J'ai déjà mentionné les assassinats des présidents américains Lincoln, Garfield, McKinley et Kennedy. Les assassinats perpétrés par les francs-maçons ne se sont pas limités aux seuls présidents américains, ils ont concerné un large éventail de personnages notables de l'histoire.

Il y a beaucoup d'autres victimes des assassins maçons, comme le représentant L. McFadden, président de la commission bancaire de la Chambre des représentants, qui a tenté de mettre fin à la "Federal Reserve Bank", une banque privée. Elle n'est ni fédérale ni une banque de réserve, mais un instrument d'asservissement contrôlé par la franc-maçonnerie.

Il est certainement de notoriété publique que Paul Warburg, un franc-maçon du 33ème degré originaire d'Allemagne, est l'auteur des articles qui ont réussi à subvertir la Constitution américaine en créant les banques de la Réserve fédérale en

1913. Les francs-maçons du Sénat américain ont assuré son adoption en tant que "loi".

Seuls deux des conspirateurs qui ont quitté Hoboken dans le wagon privé scellé le 22 novembre 1910, à destination de Jekyll Island, au large de la Géorgie, afin de planifier les banques de la Réserve fédérale, n'étaient pas francs-maçons. Il y a peu de références à cette conspiration visant à subvertir la Constitution dans les documents officiels. Même le colonel Mandel House (un franc-maçon de premier plan, qui était le contrôleur du président Wilson, lequel a signé la loi sur la Réserve fédérale) n'en fait pas mention.

Comme d'habitude, lorsque les intérêts vitaux du peuple américain sont en jeu, la presse dévoyée, comme le *New York Times*, ne juge pas bon d'informer le peuple américain de ces actes ignobles de trahison. Pourquoi l'année 1913 était-elle importante ? Parce que sans les banques de la Réserve fédérale, il n'aurait pas été possible à la franc-maçonnerie de poursuivre la Première Guerre mondiale ! Dans cette guerre, et dans la Seconde Guerre mondiale, les usines de munitions appartenant aux banksters internationaux (mot pour banquiers et gangsters) n'ont jamais été touchées ! La monnaie "élastique" de la Banque de la Réserve Fédérale fournissait l'argent pour le commerce des armes, vous pouvez donc être assuré, que personne, dans les deux camps du conflit, n'aurait été assez fou pour détruire les actifs des banquiers, c'est-à-dire leurs usines d'armes et de munitions.

J'ai le sentiment que les véritables "internationalistes" sont les marchands d'armes des pays occidentaux. Ces hommes travaillant sous la direction des maçons ont deux objectifs : Créer et prolonger les guerres et perturber la paix par le terrorisme international. Ensuite, exploiter les guerres qui, selon eux, suivront. Les banques ne connaissent pas les frontières nationales et ne doivent allégeance à aucun pays. Leur Dieu est Lucifer.

Si possible, procurez-vous un exemplaire de *Arms and the Men*, un petit livre publié par Fortune Magazine et lisez-le attentivement. Vous aurez alors une idée claire de qui se cache derrière le terrorisme international, et peut-être plus important encore, la preuve que la franc-maçonnerie est la force démoniaque en liberté dans le monde d'aujourd'hui, responsable des Brigades rouges (successeur du groupe terroriste maçon La Roja — Les Rouges) et des nombreuses centaines de groupes terroristes organisés qui sévissent dans le monde entier !

Une autre des plus grandes réussites et réalisations de la franc-maçonnerie est l'utilisation de drogues induites artificiellement et la prolifération fulgurante du "commerce" dans l'ensemble du monde occidental. Le rôle de la Chine (principal fournisseur d'opium brut) dans le conflit du Vietnam était de rendre les troupes américaines accros à l'opium afin qu'elles ramènent leur habitude en Amérique avec elles. En cela, la Chine a réussi. Les statistiques montrent que 15% des forces militaires américaines au Vietnam sont devenues dépendantes de l'héroïne ! Les caïds du commerce de la drogue sont des francs-maçons de premier plan.

Si vous avez du mal à le croire, laissez-moi vous rappeler les plus grands exploitants d'opium que le monde ait jamais connus : le gouvernement britannique. La politique officielle du gouvernement britannique en matière d'opium pour la Chine a produit des millions de toxicomanes fumant de l'opium. Lord Palmerston, un franc-maçon de

33ème degrés de rite écossais, était responsable de ce commerce insidieux. Les profits de cette entreprise satanique ont financé au moins une guerre majeure contre le Christ — la guerre anglo-boer (1899-1902).

Qu'est-il arrivé à la Princesse Grace de Monaco ? Sa voiture est toujours sous contrôle dans la cour de la police à Monaco. Personne n'est autorisé à l'inspecter. Et pourquoi ? Parce que Grace a été assassinée par les hommes de l'ordre franc-maçonnique P2 (la branche la plus secrète de la maçonnerie italienne) pour avertir son mari de ne pas s'approprier les bénéfices de ses opérations de dopage en Colombie et en Bolivie !

L'anarchie de la Cour suprême des États-Unis est d'inspiration maçonnique. La Cour suprême sans loi a donné à l'Amérique l'avortement, un mot poli pour désigner le meurtre en gros d'au moins 50 millions de bébés innocents, sans défense et incapables de se protéger eux-mêmes ! Que Dieu tout-puissant nous pardonne d'avoir permis à Lucifer d'assassiner les enfants à naître.

Le roi Hérode était un infâme meurtrier d'enfants, mais les usines d'avortement le font passer pour un saint en comparaison. Les juges favorables aux avortements qui chauffent les bancs de la Cour suprême valent-ils mieux qu'Hérode ? L'anarchie de la Cour suprême qui bannit les prières de nos écoles est un autre triomphe de la maçonnerie. Lucifer est l'incarnation même de l'anarchie, et la Cour suprême des États-Unis, contrôlée par les francs-maçons, exécute son programme anarchique aux États-Unis aujourd'hui.

> Je m'élèverai au-dessus des hauteurs des nuages, je serai comme le Très-Haut. (Isaïe, chapitre II, verset 14)

C'est ce qu'a fait la Cour suprême des États-Unis. Elle s'est placée au-dessus des deux plus grands documents jamais écrits, la Bible et la Constitution des États-Unis ! Tant que nous ne remédierons pas à cette terrible situation, les États-Unis continueront à dériver vers le bas et finiront par tomber comme une prune mûre entre les mains de la conspiration mondiale contrôlée par Lucifer, que nous appelons la franc-maçonnerie. Dans le livre de la Genèse, chapitre 3, verset 15, nous lisons que Dieu a déclaré la guerre à Lucifer. Ce conflit se déroule en ce moment même. Que faisons-nous à ce sujet ?

Passons-nous notre temps à être anesthésiés par le sport spectacle à la télévision, ou faisons-nous notre part pour avertir nos concitoyens américains que la chute de cette grande nation est imminente ? Si nous ne sortons pas de notre torpeur aveugle et ne nous joignons pas à la guerre de Dieu contre Lucifer, nous n'avons que peu de valeur en tant que soldats du Christ.

Jésus a dit que Caïn était le premier hors-la-loi terrestre. Le mouvement franc-maçon honore Caïn avec son mot de passe, Tubal Caïn. La franc-maçonnerie ne peut pas coexister avec le christianisme. Soit la franc-maçonnerie triomphera, soit le christianisme la détruira. Le meurtre du Christ a été l'acte le plus illégal jamais commis dans l'univers, mais la maçonnerie l'applaudit. L'une de ses grandes figures, Proudhon, a dit :

> Dieu est lâcheté, folie, tyrannie, mal. Pour moi alors, Lucifer, Satan !

Le communisme est un complot maçon visant à faire avancer le royaume de Lucifer au mépris du plan de Dieu pour son peuple sur Terre. Lorsque nous réaliserons ces choses, de nombreuses pièces du puzzle commenceront à s'assembler.

Le type d'éducation que nous recevons dans nos écoles et nos universités ne nous permettra pas de combattre ces maux, car la connaissance de ces choses nous est délibérément cachée par nos contrôleurs de l'éducation.

Vous ne trouverez rien dans nos universités sur le fait que la Federal Reserve Bank est une entité illégale et privée. Vous ne trouverez rien non plus sur le gouvernement secret des États-Unis, le Comité des 300 et son Conseil des Relations Étrangères, qui trahit et livre cette grande nation aux mains d'un gouvernement mondial unique — le Nouvel ordre mondial. C'est un plan franc-maçon, qui fait partie de leur effort universel pour détruire complètement le christianisme et l'effacer de la surface de la Terre.

C'est l'acte ultime d'anarchie. Rappelez-vous que le Christ est venu nous libérer de la loi babylonienne, sur laquelle se fonde la franc-maçonnerie. Le Christ a dit que Satan est un hors-la-loi, parce qu'il est venu sur Terre illégalement, c'est-à-dire sans corps. C'est la raison pour laquelle le Christ a dû naître d'une femme, afin de pouvoir être légalement sur Terre.

Seuls ceux qui ont un corps sont légalement sur Terre. Satan est entré dans ce monde par la porte de derrière. (Le Christ a dit dans les paraboles qu'il a escaladé le mur.) À cause de Satan, que les Maçons adorent, les États-Unis sont tombés dans une situation désespérée. Peut-être êtes-vous un Maçon aux degrés inférieurs, et vous dites : "Je suis franc-maçon depuis des années et rien de tel ne se produit jamais dans notre Loge".

À vous et à d'autres comme vous, laissez-moi dire : "Vous avez été trompés". La grande majorité des maçons ne sont jamais informés de ce qui se passe au 33ème degré.

Comme l'a dit Eckert :

> J'ai dit et je répète que beaucoup de Maçons, même dans les degrés maçonniques, ne soupçonnent pas le sens caché des symboles qu'ils utilisent pour ce qui est enseigné et pratiqué dans les plus hauts degrés.

Une autre autorité en matière de maçonnerie, Dom Benoit, a déclaré :

> Le rite réformé du Palladium a pour pratique et objectif fondamentaux l'adoration de Lucifer, et il est plein d'impiétés et de toutes les infamies de la magie noire.
>
> Après s'être établie aux États-Unis, elle a envahi l'Europe et fait chaque année des progrès terrifiants. Tout son cérémonial est rempli, comme on peut l'imaginer, de blasphèmes contre Dieu et contre notre Seigneur Jésus-Christ.

Faut-il en dire plus ?

CHAPITRE 9

DES FAITS AUPARAVANT NÉGLIGÉS

L a seule chose que nous ne pouvons pas ignorer à propos de la franc-maçonnerie est qu'il s'agit d'un mouvement subversif. La franc-maçonnerie signifie beaucoup de choses pour beaucoup de gens, mais le fil conducteur de l'histoire de la franc-maçonnerie est sa caractéristique constante de secret pour leur sécurité. Toutes les sociétés secrètes sont subversives, certaines sont également occultes et politiques, mais ces faits sont dissimulés au corps principal des maçons, qui dépassent rarement le quatrième degré.

La maçonnerie est une organisation qui aime le secret, et déteste ceux qui cherchent à exposer son mal inhérent. Elle a un fétichisme du secret. La maçonnerie a besoin que la lumière soit faite sur elle. Une journée portes ouvertes serait suicidaire pour le mouvement. Le but de cet ouvrage est de jeter un peu de lumière sur la Maçonnerie, tellement interfacée avec les Jésuites et la Noblesse Noire, qu'il serait impossible de discuter de la Maçonnerie isolément, et sans faire quelques références à ses co-conspirateurs.

Cela deviendra apparent au fur et à mesure que je poursuivrai mon livre. Le soi-disant credo maçonnique est assez bien décrit par Léon Tolstoï, qui, bien que n'étant pas maçon, a donné un compte rendu clair, nuancé par un peu trop de sympathie envers la franc-maçonnerie et certains de ses principes.

Tolstoï détaille avec la "fraternité" (la pierre angulaire de la maçonnerie, des Illuminati et du communisme) comme suit :

> Ce n'est qu'en posant pierre sur pierre, avec la coopération de tous les millions de générations, depuis notre ancêtre Adam jusqu'à nos jours, que le Temple sera érigé, pour être une digne demeure du grand Dieu.

Il ne nous dit pas que la lettre "G", symbole de la maçonnerie, représente le gnosticisme et non Dieu. Tolstoï continue en disant :

> L'objet premier et principal de notre Ordre, le fondement sur lequel il repose et qu'aucune puissance humaine ne peut détruire, est la conservation et la transmission, depuis les âges les plus reculés, depuis le premier homme même, d'un mystère dont dépend peut-être le sort de l'humanité. Mais comme ce mystère est d'une nature telle que personne ne peut le connaître ni l'utiliser sans y être préparé par une longue et diligente auto-purification, tout le monde ne peut espérer l'atteindre rapidement, d'où un but secondaire : celui de préparer nos membres, autant que possible, à réformer leur cœur, à purifier et à éclairer leur esprit, par les moyens que nous a transmis la tradition.

C'est précisément l'objectif des Illuminati et de nombreuses autres sociétés secrètes telles que les Rosicruciens et les Jésuites. La noblesse noire croit qu'elle a été en quelque sorte dotée d'un savoir spécial et choisie pour régner "depuis l'Antiquité".

C'est ainsi que l'on peut voir les dénominateurs communs

entre la maçonnerie et les autres sociétés secrètes occultes, dont le monde est actuellement si lourdement infesté. Le fait que la Maçonnerie soit entièrement un sombre mensonge peut être déduit des paroles du Christ, qui a dit

> ... que les hommes aiment les ténèbres (les lieux secrets) plutôt que la lumière, parce que leurs actions sont mauvaises.

C'est la notion d'une tradition de longue date et d'une importance fondamentale qui donne sa motivation à la Maçonnerie. Tous les ordres secrets, même la prêtrise égyptienne, ont été maintenus ensemble et ont reçu pouvoir et autorité sur la présomption qu'ils savaient des choses secrètes que les gens ordinaires ne savaient pas. Encore Tolstoï :

> Le troisième objectif est la régénération de l'humanité.

Il s'agit des sept marches du temple de Salomon. À ce stade, je mentionnerai que Salomon était probablement le plus grand magicien qui ait jamais vécu. À l'époque moderne, un jeune Rom, né et vivant aux États-Unis, qui se faisait appeler David Copperfield, est devenu célèbre en tant que grand magicien. Les gitans roms sont connus depuis longtemps comme des praticiens des tours de magie, et Copperfield a atteint de grands sommets avant que sa carrière ne s'écroule à cause de son arrestation pour viol. Parce que je crois, comme l'affirme également l'Ancien Testament, que le christianisme ne repose pas sur une fondation de magie, je suis enclin à ne pas tenir compte de la sagesse de Salomon comme ayant peu d'influence sur les enseignements du Christ. Mon opinion personnelle est que le christianisme ne dépend pas entièrement de l'Ancien Testament. Le christianisme a réellement commencé avec le Christ de Galilée. Le Christ n'était ni de Jérusalem, ni de Salomon, ni de la lignée davidique. Par conséquent, les chrétiens doivent rejeter d'emblée comme une propagande l'idée que la maçonnerie est fondée sur le christianisme, parce qu'elle parle tellement de Salomon.

Si nous étudions ce point, nous aurons une meilleure compréhension à la fois de la Maçonnerie et du Christianisme. Mon opinion personnelle est que le Christ a d'abord limité son ministère à la Galilée, mais qu'il a été persuadé par ses disciples d'entreprendre une croisade missionnaire à Jérusalem. Ce n'est pas longtemps après son voyage missionnaire dans cette ville que le Sanhédrin l'a condamné à être crucifié. Je ne crois pas que les tours de magie de Salomon aient un quelconque rapport avec le christianisme, pas plus que la franc-maçonnerie. Je me demande combien d'entre nous se sont jamais arrêtés pour s'interroger sur les liens étroits entre les francs-maçons et les temples.

Les sept marches du temple de Salomon signifient prétendument :

* Discrétion
* Obéissance
* Moralité
* L'amour de l'humanité
* Courage
* Générosité
* Amour
* Décès

Une fois de plus, j'attire votre attention sur la recrudescence des scènes d'enterrement dans presque tous les films d'Hollywood et de la télévision au cours des 20 dernières années. Je vous fais remarquer que l'objectif est d'inculquer à chacun de nous une attitude insouciante à l'égard de la mort, ce qui est en opposition directe avec l'enseignement du Christ, qui a dit que la mort est le dernier ennemi à vaincre. Lorsque nous commençons à considérer la mort comme un simple rien, la civilisation risque de régresser vers la barbarie.

En nous habituant à accepter la mort avec désinvolture, nos sensibilités (on l'espère) seront émoussées — l'horreur consciente normale des massacres de masse finira par céder la place à un sentiment d'insouciance. Je vous soumets que nous subissons tous un lavage de cerveau constant. Souvenez-vous de ce point la prochaine fois que vous verrez un film qui inclut la scène presque obligatoire de l'enterrement au bord de la tombe. L'intention est d'engendrer un manque de respect pour l'individualité de chacun d'entre nous. Nous ne sommes pas une masse de gens, nous sommes des individus.

Une acceptation désinvolte de la mort va à l'encontre des enseignements du Christ et est conforme aux doctrines des francs-maçons, ainsi qu'aux doctrines d'un grand nombre d'autres sociétés secrètes dont le caractère et le but sont résolument sataniques. Frank King, l'auteur d'un livre remarquable sur Cagliostro, le franc-maçon, qui est censé avoir "découvert" le rite égyptien de la maçonnerie, affirme que la cérémonie d'initiation subie par Cagliostro "était très semblable à celle qui se déroule aujourd'hui dans les loges maçonniques". Elle comprend plusieurs scènes inoffensives mais indignes, qui étaient destinées à impressionner le candidat.

L'initié est hissé au plafond et laissé pendre, signifiant son impuissance sans l'aide divine. Il est poignardé avec un poignard dont la lame s'effondre dans son manche pour souligner le sort qui lui serait réservé si jamais il trahissait les secrets de l'Ordre. Il devait s'agenouiller, dépouillé de ses vêtements, pour montrer sa soumission au Maître de la Loge. Cagliostro, un grand magicien, lors d'une visite à Londres, tombe sur un livre traitant du Rite Égyptien. Le livre est de George Gaston. Il impressionne tellement Cagliostro qu'il commence à le promouvoir, l'appelant "Le Rite Égyptien de la Franc-maçonnerie", le revendiquant comme le sien. Cagliostro affirme que le rite égyptien est plus solennel et plus ancien que la maçonnerie régulière. Il présentait sa "découverte" comme un "Ordre supérieur de la Maçonnerie", ouvert uniquement aux Maçons à partir du 25ème degré. Comme l'auteur original, Gaston, Cagliostro prétendait que les fondateurs du Rite Égyptien étaient Elijah et Enoch, et que comme eux, les membres de l'Ordre maçonnique du Rite Égyptien ne mourraient jamais, mais seraient "transportés" après la mort, renaissant chaque fois de leurs cendres pour vivre douze vies.

Il ne fait guère de doute que les francs-maçons "purifiés" ont trouvé très agréable la perspective de ne pas avoir à mourir et d'être investis de douze vies, de sorte qu'il y a eu un certain nombre de convertis à l'Ordre nouveau, ou devrais-je dire ancien, de Cagliostro, notamment le maréchal Von der Recke et la comtesse Von der Recke de la noblesse noire, dont les familles remontent aux Guelfes noirs vénitiens. L'extraordinaire Cagliostro, maître magicien et le "Salomon" de son temps, fut admis à la loge Espérance des francs-maçons Kings Head à Londres en 1776. Après 14 mois passés à Londres, il partit promouvoir son "nouveau" rite à Rome au nez et à la barbe de ses ennemis catholiques et fut rapidement arrêté par le pape. Si nous ne savions rien de plus de la franc-maçonnerie, il serait déjà clair que la franc-maçonnerie est le descendant direct des cultes orphique et pythagoricien, et n'a rien à voir avec le christianisme, et encore moins avec le culte de Dieu, ce que, comme je l'ai dit, la maçonnerie ne nous dit pas tout en prétendant fièrement que la lettre "G" représente Dieu. Si la Maçonnerie était fondée sur le christianisme, elle ne haïrait pas avec autant de fureur et de violence l'Église catholique.

CHAPITRE 10

L'ÉGLISE CATHOLIQUE : ENNEMI JURÉ DE LA FRANC-MAÇONNERIE

Dès les premiers jours de son histoire, l'Église catholique a dénoncé la maçonnerie comme étant intrinsèquement mauvaise. L'Église protestante, en revanche, et plus particulièrement sa branche anglicane, a non seulement toléré ouvertement la maçonnerie, mais dans un certain nombre de cas, certains membres de la hiérarchie de l'Église anglicane occupent de hautes fonctions dans la franc-maçonnerie. Il existe de nombreux cas où des prêtres anglicans contrôlent les loges les plus secrètes et les plus importantes, notamment la Quator Coronati Lodge à Londres et la tristement célèbre Nine Sisters Lodge[4] dans le 15ème arrondissement de Paris. La franc-maçonnerie a déclaré avec mépris qu'elle ne craignait pas le protestantisme, le considérant comme le rejeton bâtard du catholicisme, son ennemi mortel et redoutable.

L'Église protestante ne peut pas s'opposer efficacement à la propagation de la franc-maçonnerie. La franc-maçonnerie enseigne comme un fait que la maçonnerie est la seule alternative viable au catholicisme, que Mazzini (un franc-maçon de premier plan qui a joué un rôle si décisif dans l'avènement de la guerre civile américaine) a dénoncé

---

[4] La fameuse loge des Neuf Sœurs à laquelle aurait appartenu Benjamin Franklin, NDT.

avec la plus grande férocité. Il est parfaitement exact de dire que la franc-maçonnerie ignore tout simplement l'Église protestante.

Un maçon du 33ème degré m'a confié :

> Nous sommes la première religion du monde aujourd'hui. Nous sommes plus anciens et plus sages que l'Église catholique, c'est pourquoi elle nous déteste tant. L'homme qui nous rejoint a le sentiment d'être membre d'une religion fondamentale de société secrète, gardienne des plus anciens mystères des forces de la vie et de l'univers. Nous n'avons pas le problème que rencontre la religion organisée, à savoir comment inspirer à ses adeptes le sens profond du but, que nous inculquons à nos membres. Regardez les catholiques d'Afrique et d'Amérique du Sud. Diriez-vous qu'ils sont imprégnés d'un profond sentiment d'utilité, d'appartenance ?

Bien entendu, mon ami franc-maçon n'a pas pris la peine de m'expliquer que la franc-maçonnerie est fondée sur la tromperie, son véritable objectif étant le culte de Lucifer. Poursuivant ses efforts de propagande à mon égard (il était en fait en train de me proposer de devenir membre de sa Loge), il a dit :

> L'initié que nous acceptons sort avec le sentiment d'un univers bien ordonné, où ses propres objectifs et buts sont soudainement clairement définis. Une tradition remontant à Adam se dresse derrière lui. La notion de fraternité des hommes lui donne un nouveau sentiment d'appartenance au genre humain. De plus, le monde est rempli de frères francs-maçons bienveillants, qui ne le laisseront pas sombrer. Il s'agit bien sûr d'un attrait important que l'Église chrétienne rate complètement. Tant que l'Église chrétienne n'apprendra pas à se soucier des gens, des uns

et des autres, en termes pratiques et quotidiens, le christianisme continuera à s'étioler.

Il ne fait aucun doute qu'un fort désir, une envie existe en chacun de nous de voir nos besoins physiques satisfaits. La sécurité est primordiale, et mon ami franc-maçon a certainement raison. Alors que Billy Graham et ses collègues "télévangélistes" prennent manifestement très bien soin de leurs propres besoins, les membres de base de leurs ministères ne sont pas du tout pris en charge sur le plan concret. Il y a un manque total d'amour fraternel et d'intérêt pour les autres parmi les chrétiens. Personne ne peut nier l'existence d'un défaut aussi flagrant et la gravité du problème. En cela, nous pourrions nous inspirer de la maçonnerie qui prend bien soin de ses membres. Quelle que soit la relation incestueuse entre la maçonnerie, la noblesse noire et les jésuites, leur désir et leur objectif commun est de renverser l'ordre existant et de détruire le christianisme. Que nous soyons catholiques ou protestants, il est de notre devoir de nous opposer de toutes nos forces à leur objectif. Toutes les grandes conspirations sont cimentées et liées entre elles, dynamisées par de puissants motifs idéologiques — dans le cas de la maçonnerie, une haine commune du christianisme. Nous pouvons inclure dans leur "liste de haine" la haine des véritables idéaux républicains et des États-nations.

Qu'ont en commun les conspirateurs, en dehors de ce qui précède ? La réponse est qu'ils sont soutenus à cent pour cent par l'immense richesse des "vieilles familles" et même, bêtement, par certaines royautés. En Amérique, ils reçoivent le soutien total du CFR, un descendant de l'Essex Junto, l'un des corps conspirateurs à l'origine de la guerre civile, qui a presque réussi à briser l'Union avec l'aide des familles les plus riches de Boston. Les descendants des familles les plus anciennes et les plus respectables de Boston poursuivent l'œuvre de l'Essex Junto, en essayant de briser les États-Unis — et ils sont soutenus par certaines des dynasties bancaires les plus riches du monde.

Cette bande de traîtres a une alliée au Vatican, une certaine Clarissa McNair, qui diffusait de la propagande anti-américaine sur Radio Vatican. Elle était protégée par un certain nombre de francs-maçons importants, de sorte qu'elle a réussi à survivre à la colère du pape.

La déstabilisation de la Pologne, qui a préparé le terrain pour l'invasion prévue, a été menée par le franc-maçon Zbigniew Brzezinski, formé par les jésuites, qui a "créé" "Solidarité"[5], le faux syndicat, uniquement pour déstabiliser le gouvernement du général Jaruzelski. Le pape a expliqué que lui, Lech Walesa, n'était qu'un outil entre les mains de forces plus importantes. Après leur rencontre, Walesa a disparu de la scène politique. À une ou deux exceptions près, la plupart des papes sont des ennemis de la franc-maçonnerie et s'opposent systématiquement aux jésuites. Le pape Jean-Paul II a semé la consternation dans les milieux jésuites en nommant l'anti-jésuite Paola Dezzi à la tête de l'Ordre. "Je ramènerai l'ordre dans l'Ordre", a déclaré le pape.

Les cas susmentionnés, à savoir la Pologne et l'opposition aux Jésuites, ne sont que deux des nombreux cas où les papes ont été impliqués dans des batailles avec la maçonnerie. Très peu de gens savent quoi que ce soit des efforts diplomatiques du Pape Jean-Paul II — comme ses avertissements répétés à l'Amérique pour qu'elle abandonne son approche aveugle pro-Israël de la politique

---

[5] Solidarnosc en polonais, NDT.

du Moyen-Orient, une attitude qui, selon le Pape, conduira à la troisième guerre mondiale.

La Pologne n'est pas le seul cas de trahison délibérée au sein du gouvernement occidental depuis la Seconde Guerre mondiale. Je me souviens que c'est un certain Klugman qui a intronisé les traîtres, des agents du MI6 britannique du nom de Burgess, McLean et Philby, au service du KGB. Philby, franc-maçon depuis toujours, a obtenu son poste au SIS (Special Intelligence Service) grâce à Sir Stuart Menzies, franc-maçon de rite écossais et ancien directeur du SIS. Anthony Blunt, Gardien des cygnes de la Reine et espion extraordinaire, a commencé sa carrière de traître après avoir rejoint les francs-maçons.

Tout au long de sa carrière, Blunt a été protégé par des hommes haut placés dans le SIS, des compagnons francs-maçons qui, comme lui, étaient dévoués à la cause de la maçonnerie. Le SIS est criblé de taupes KGB-maçonnes. Un autre fait scandaleux est que Scotland Yard est dirigé de haut en bas par des francs-maçons du Rite écossais. La maçonnerie utilise des méthodes de contrôle subtiles. Dans les premiers temps de son histoire, il n'en était pas toujours ainsi. Elle était plus encline à utiliser la force pure pour atteindre ses objectifs qu'elle ne l'est aujourd'hui. Un exemple vraiment remarquable de ce dont je parle concerne Cagliostro, que j'ai mentionné précédemment. Cagliostro fut accusé de vol lorsqu'un marquis sicilien, franc-maçon au 33ème degré, a interrompu le procès en sautant sur le procureur et en le frappant à terre. Les charges contre Cagliostro ont été rapidement abandonnées. Ce récit a été vérifié par l'autorité maçonnique W.R.H. Towbridge et par Goethe. Aujourd'hui, les jésuites de la Noblesse Noire-Maçonne n'utilisent pas la force directe, sauf pour donner une leçon d'avertissement aux membres fautifs, comme nous le constatons avec la pendaison rituelle de Roberto Calvi et la mort de Grace Kelly. Calvi était le directeur de la Banco Ambrosiano, coupable d'avoir perdu plusieurs millions d'argent maçon. Il s'est enfui en Angleterre pour demander la protection de ses amis, mais s'est retrouvé dans un piège fatal. Il a été pendu par les francs-maçons selon leur rituel. Lorsque l'occasion se présente, les Maçons ne reculent pas devant la violence. Les serments sanglants prononcés à chaque degré sont brutaux et répugnants.

L'auteur John Robinson dit dans son livre *Born in Blood* :

> ... Avoir la langue arrachée, le cœur arraché de la poitrine, le corps coupé en deux avec les entrailles réduites en cendres semble être une surenchère, littéralement, et est contraire à la loi de tout pays où les francs-maçons opèrent, ainsi qu'à toutes les religions que les francs-maçons accueillent dans la fraternité.

John Quincy Adams, qui fut le sixième président des États-Unis, était particulièrement et farouchement opposé à la franc-maçonnerie.

Comme le dit Robinson dans son livre :

> Adams ne manquait jamais une occasion de condamner la franc-maçonnerie. Il a lancé un appel à tous les francs-maçons pour qu'ils abandonnent l'ordre et contribuent à l'abolir une fois pour toutes, car il était totalement incompatible avec une démocratie chrétienne. Il a écrit tant de lettres contre la franc-maçonnerie qu'elles pourraient remplir un livre. Dans une lettre à son ami Edward Ingersoll datée du 22 septembre 1831, l'ex-président résume son attitude à l'égard des serments maçonniques et de leur impact sur la confrérie.

Les historiens et les spécialistes de la maçonnerie et de la Constitution américaine ne s'entendent pas sur le fait que les affirmations selon lesquelles la maçonnerie s'était implantée chez les Pères fondateurs sont restées fermement ancrées dans la jeune République. La version finale de la Constitution a été rédigée par de nombreux esprits brillants, mais il a été démontré que les francs-maçons en étaient responsables pour la plupart.

Thomas Jefferson, dont la prose constitue la majeure partie du document, était pourtant fortement opposé à la franc-maçonnerie. Les autres auteurs principaux étaient George Washington, Benjamin Franklin et John Adams. Bien que n'étant pas franc-maçon, Adams aurait été d'accord avec Washington et Franklin. Jefferson reste l'intrus. Mais comme elle l'a fait avec Cagliostro, la franc-maçonnerie s'occupe toujours des siens.

L'"évasion miraculeuse" d'une prison suisse de haute sécurité par le franc-maçon italien P2 Lucio Gelli en témoigne, ainsi que de l'extraordinaire pouvoir maçon. Gelli vit en Espagne, sans être inquiété ni par la police suisse ni par Interpol, le vestige de Reinhart Heydrich. Ce qui est étrange avec Gelli, c'est que pendant toute la Seconde Guerre mondiale, il a travaillé en étroite collaboration avec Mussolini, alors que ce dernier était opposé à la franc-maçonnerie.

Peut-être est-ce dû au fait qu'à l'âge de 17 ans, Gelli s'est porté volontaire dans un corps expéditionnaire formé par Mussolini et envoyé pour combattre les communistes en Espagne.

Plus tard, il a rejoint la CIA. En mars 1981, la police a fait une descente dans la résidence de Gelli et a découvert de nombreux documents montrant qu'il avait travaillé avec Roberto Calvi de la soi-disant "Banque du Vatican", autrement dit avec la mafia. Le cardinal Casaroli a déclaré plus tard que la Banque du Vatican avait été dépouillée de millions de dollars.

CHAPITRE 11

LES CONNEXIONS MAÇONNIQUES D'INTERPOL

Je me demandais pourquoi les nations occidentales utilisaient Interpol, un ancien dispositif nazi, tout en condamnant l'Allemagne pour s'être défendue pendant la Seconde Guerre mondiale, jusqu'à ce que je découvre qu'Interpol est un réseau franc-maçon d'espions, la chasse gardée des francs-maçons, des jésuites et de la noblesse noire. David Rockefeller fait un usage intensif d'Interpol, qu'il a littéralement acheté tel quel à l'Allemagne dans les années d'après-guerre, pour surveiller les groupes de droite américains qui pourraient constituer une menace pour le Council on Foreign Relations (CFR).

L'histoire que j'ai étudiée, et que l'on ne trouve pas dans vos livres d'histoire habituels, révèle que le Rite écossais a toujours été, et est toujours, à la tête de nombreuses sociétés secrètes qui infestent le monde. Le Rite écossais de la franc-maçonnerie a commencé comme le culte des Mobeds, parfois appelé les Mages. Simon le magicien était un membre des Mobeds. C'est Simon Magus qui a élevé le culte du gnosticisme au rang de force anti-chrétienne, qu'il a ensuite emmené à Rome pour contrer les activités de Saint-Pierre et de Philon d'Alexandrie.

C'est du gnosticisme qu'est née la haine du christianisme, de la nation, des États et des idéaux républicains, pour finalement être distillée dans le corpus de doctrine de toutes les sociétés secrètes, que nous connaissons sous le nom de franc-maçonnerie. Au cœur de la franc-maçonnerie se trouve le rite écossais, dans lequel Lucifer est honoré et adoré dans les degrés supérieurs. L'aristocratie britannique l'a imposé à l'Amérique avec des conséquences désastreuses pour la jeune République. La Grande-Bretagne est gouvernée par l'inique Rite écossais, héritier de la Fraternité préraphaélite des cultes occultistes-Templiers et d'Isis et Osiris de John Ruskin. Les rosicruciens sont une création des jésuites Robert Fludd et Thomas Hobbes, secrétaire de l'agent des services secrets Bacon, et ont posé les principes fondateurs du Rite écossais.

La création du Rite écossais de la franc-maçonnerie a été supervisée par Sir William Petty, grand-père du célèbre comte de Shelburne, orchestrateur de la révolution sanglante menée par l'oligarchie suisse et contrôlée par Londres, que nous connaissons sous le nom de Révolution Française. Le jésuite a placé Robert Bruce sur le trône d'Écosse et l'a nommé à la tête du rite écossais. Les Cecil, qui dominent les dirigeants de l'Angleterre depuis l'époque de la reine Elizabeth I, participent à la conspiration. Les Cecil sont directement liés à la maison vénitienne de la noblesse noire de Guelph. Pour obtenir tous les détails sur les Cecil, veuillez vous procurer un exemplaire de ma monographie intitulée *King Makers, King Breakers : Les Cecil*.

L'histoire secrète de l'Amérique républicaine est remplie de noms de traîtres notoires membres du Rite écossais opposés à la jeune République. Albert Gallatin, un espion suisse de la noblesse noire, Albert Pike, un Américain dégénéré et dissolu, et Anthony Merry, le nouvel ambassadeur britannique envoyé aux États-Unis en 1804

JOHN COLEMAN

par le franc-maçon de rite écossais, le Premier ministre d'Angleterre William Pitt, ont conspiré avec Timothy Pickering, le sénateur James Hillhouse et William Plummer pour que le New Hampshire fasse sécession de l'Union. Merry se faisait passer pour un diplomate inexpérimenté, mais il était en réalité un agent maçon de haut grade, également impliqué dans des complots sécessionnistes similaires dans le New Jersey, la Pennsylvanie et New York.

William Eustas est le candidat que le Rite écossais a présenté pour battre la candidature de John Quincy Adams à un siège au Congrès. Les francs-maçons n'ont pas caché leur complicité dans la victoire d'Eustas sur Adams. Des années auparavant, un autre franc-maçon, Grenville, avait fait passer la loi sur les timbres.

Le Parlement britannique, contrôlé par les francs-maçons, a activé le statut d'Henri VIII, qui permettait aux Britanniques d'amener en Angleterre toute personne de la colonie américaine qui était déterminée à soustraire le jeune pays au joug du roi George III, même si cela impliquait de faire la guerre pour y parvenir.

La Mère Loge du monde du Rite écossais, établie à Charleston, en Caroline du Sud, par l'oligarchie détestée des ennemis de la jeune République, avait comme l'un de ses principaux messagers, un certain Moses Hayes, un homme d'affaires tory, qui voyageait entre tous les États, porteur de directives et de messages du Rite écossais. Hayes a refusé de prêter le serment d'allégeance lorsque la guerre a éclaté. La très puissante First National Bank of Boston a été fondée par Hayes, Arthur Hayes Sulzberger et John Lowell, sous le nom de "Bank of Massachusetts". Les Sulzberger ont ensuite dirigé le *New York Times* en tant que propriétaires nominaux, mais pas réels. Le long et vil bilan du *New York Times* en matière d'anti-américanisme est trop bien connu pour qu'on s'y attarde ici.

La trahison active et sérieuse planifiée par le Rite Ecossais, commença sérieusement en Amérique avec un brevet donné à Augustin Prévost, un membre de la noblesse noire suisse ennemie de la République, qui portait le titre maçonnique de "Prince du Royal Secret". Tout au long de notre histoire, la noblesse noire suisse et vénitienne s'est jouée de nous, faisant tout ce qu'elle pouvait pour saper et détruire la jeune nation, qu'elle considérait comme une menace pour le vieil ordre européen. La famille lombarde, mise à mal et presque ruinée au 14ème siècle, a été aidée à se relever par des "francs-maçons bienveillants", notamment le franc-maçon de la noblesse noire, le comte Viterbos de Venise.

Les familles Viterbo et Lombard ont fait renaître le pouvoir et le prestige de Venise, et la dynastie bancaire Lombarde a continué pendant des centaines d'années à combattre l'Amérique républicaine. Les Viterbos ont fait revivre Venise en conquérant l'Empire ottoman qui a ensuite été réparti entre eux et leurs amis de la famille. La famille de la noblesse noire vénitienne Lonedon a organisé la "conversion" d'Ignace Loyola, qui s'est soudainement repenti et a fondé l'ordre des Jésuites. Les Jésuites étaient et sont une organisation de collecte de renseignements de la franc-maçonnerie, de la noblesse noire, des familles Pallavicini, Contarini, Luccatto et de l'establishment libéral de la côte Est américaine. Ce sont les Jésuites qui ont rédigé la lettre pastorale de l'évêque catholique condamnant notre dissuasion nucléaire dans le cadre des 300 ans de guerre de la franc-maçonnerie contre l'Église catholique et les États-Unis.

L'un des principaux guerriers de la maçonnerie était Vernon Walters, le trouble-fête du président Reagan et ambassadeur auprès de l'ONU. Walters était un membre éminent de la loge maçonnique italienne P2. Je me demande si le président Reagan a jamais interrogé Walters sur son rôle au nom de la P2 dans le mouvement Naxalite (1960 — 1970). Non moins intrigant que Walters était William Sullivan, qui a joué un rôle dans le renversement du président Marcos des Philippines. C'est Sullivan qui a demandé au Congrès de ne pas effectuer les paiements en retard au gouvernement des Philippines pour la location de l'aérodrome de Clark et de Subic Bay.

Je remarque que Sullivan n'a pas demandé au Congrès de suspendre les paiements à Cuba pour la base navale de Guantanamo, et qu'il n'a pas protesté contre le flux de drogues en provenance de Cuba. Sullivan n'a pas mentionné le plus grand camp d'entraînement terroriste de l'hémisphère occidental situé à Cuba à l'époque, une installation qui éclipse les camps d'entraînement de Libye et de Syrie.

Walters et Sullivan étaient tous deux sous le contrôle de l'Ordre maçonnique ultra-secret, l'"Ordre de Sion", qui prend des décisions cruciales au nom des membres du Conseil suprême du Rite écossais opérant au sein de divers gouvernements. Tout au long de notre histoire secrète, la force maléfique des maçons-jésuites a dominé notre appareil décisionnel, et cela est certainement aussi vrai aujourd'hui qu'à l'époque de la Révolution américaine et de la guerre civile.

Reagan était totalement sous l'emprise de la maçonnerie, agissant selon les ordres transmis par le CFR. Il existe un certain nombre de livres très importants sur le Rite écossais, dont plusieurs sont de bonnes sources d'information :

Au sommet de ma liste se trouvent *L'histoire du Suprême Conseil des membres du 33ème degré, Juridiction maçonnique du Nord des États-Unis* et ses antécédents, par Samuel Harrison Baynard ; *Histoire du Suprême Conseil, Juridiction du Sud, 1801-1861* et *Eleven Gentlemen from Charleston: Founders of the Supreme Council, mother Council of the World,* tous deux écrits par Ray Baker, et publiés par le Suprême Conseil du 33ème degré du Rite Écossais Ancien et Accepté à ses propres frais.

Baker était l'historien reconnu du Rite écossais en Amérique, et selon lui, le Rite écossais a été créé par des marchands juifs et des chefs religieux juifs, qui ont apporté le brevet de France en 1760, après quoi il a été appliqué à Charleston et Philadelphie. Pourtant, selon d'autres historiens, les Juifs n'ont pas le droit de devenir membres du Rite écossais. Je trouve cela très difficile à croire, et je le considère comme un écran de fumée autour de la question de savoir qui a réellement fondé le Rite écossais aux États-Unis. Le roi Salomon figure en bonne place dans les rituels maçonniques, et je sais qu'il était de religion juive ainsi qu'un de leurs grands magiciens. Nous savons également qu'un grand nombre de rituels maçonniques sont basés sur les rites magiques juifs pratiqués par Salomon.

CHAPITRE 12

L'HISTORIEN JOSÈPHE SUR LA MAÇONNERIE

L e célèbre historien Josèphe affirme qu'un livre de sorts et d'incantations utilisé dans les rites maçons a été écrit par le roi Salomon. Le livre *La Clé de Salomon*, dont Josèphe dit qu'il a été écrit par Salomon, est également très utilisé en maçonnerie. Quel que soit le lien entre le Rite écossais et le judaïsme, nous savons que certains membres de l'oligarchie britannique l'ont adopté.

L'un des principaux acteurs de la maçonnerie aux États-Unis était Augustin Prévost, que nous avons déjà mentionné, dont les soldats ont pillé la Caroline du Sud pendant la guerre d'indépendance américaine. Prévost était Grand Maître de la Loge de la Perfection, établie par Francken, l'un des groupes de marchands juifs dont j'ai parlé tout à l'heure.

C'est Francken qui a transmis le brevet du Rite écossais à Augustine Prévost, qui a ensuite ordonné à un collègue officier-maçon de l'armée britannique d'établir une loge à Charleston. L'un des parents d'Augustine Prévost, le colonel Marcus Prévost, était chargé de recruter les "loyalistes de la Couronne" pour combattre les colons.

Parmi les "loyalistes" se trouvaient les antécédents de nombreux membres de l'establishment libéral de la côte

Est, y compris ceux du traître McGeorge Bundy, l'un des partisans les plus actifs de l'oligarchie et de la royauté européennes que nous ayons sur la scène politique aujourd'hui, un homme dont la loyauté envers les États-Unis est très douteuse. Les Prévost suisses ne sont peut-être pas très connus parce que nos livres d'histoire ne parlent pas beaucoup d'eux.

Un autre Prévost, Sir George Prévost, était étroitement allié à Albert Gallatin, l'espion suisse-maçon envoyé pour détruire l'Amérique de l'intérieur. Sir George a commandé une force d'invasion britannique qui, en 1812, a mis Washington à sac et brûlé la Maison-Blanche. Il ne fait aucun doute que les "sangs bleus" de Boston n'aiment pas qu'on leur rappelle les méfaits des Britanniques, qui pourraient gâcher la "relation spéciale" si trop d'Américains prenaient connaissance de ces faits.

La Mère Loge du Monde de Charleston étendit le brevet du Rite Écossais à la France en 1804, à l'Italie en 1805, à l'Espagne en 1809 et à la Belgique en 1817. L'un des "onze messieurs de Charleston" était Frederick Dalcho, qui occupait un poste dans l'Église épiscopalienne de cette ville et était le chef du "parti anglais" en Caroline du Sud. Rien n'a beaucoup changé depuis l'époque de Dalcho : la branche américaine de l'Église d'Angleterre est truffée de francs-maçons de rite écossais.

Plus tôt, j'ai mentionné l'affirmation selon laquelle les Juifs ne sont pas admis au Rite écossais. Un membre juif notable du Rite écossais était John Jacob Astor, qui a commencé sa carrière maçonnique à New York, en occupant le poste de trésorier de la Grande Loge de New York. C'est Astor qui a donné au traître Aaron Burr, franc-maçon au 33ème degré,

$42,000. Avec cet argent, Burr a pu s'échapper après le meurtre d'Alexander Hamilton avec l'aide d'un franc-maçon juif de haut rang, John Slidell de New York.

Slidell s'installa à Charleston et à La Nouvelle-Orléans où il adopta les manières d'un gentleman du Sud. Il était étroitement lié à Aaron Burr. Les deux hommes ont ourdi un complot pour s'emparer de la Louisiane avec l'aide de certains jésuites de La Nouvelle-Orléans, mais le complot a échoué lorsqu'il a été découvert par des patriotes fidèles aux États-Unis. Au moment de sa tentative perfide de démembrer l'Union, Slidell occupait un poste important au sein du gouvernement. Il était soutenu par tout un groupe de compagnons francs-maçons. À son époque, il y avait des centaines de francs-maçons au sein du gouvernement américain. Il est douteux que Vernon Walters et George Shallots trouvent leur serment maçonnique compatible avec le serment de loyauté envers les États-Unis. Comme le Christ l'a dit : "Aucun homme ne peut servir deux maîtres."

Pour ceux d'entre vous qui croient au yoga, il est intéressant de noter que la franc-maçonnerie en fait la promotion comme méthode pour ralentir et arrêter les courants de pensée. La franc-maçonnerie n'aime pas que les gens pensent. Cette information a été donnée au sataniste Alastair Crowley par son protégé Alan Benoit, qui l'a obtenue du célèbre historien franc-maçon Eckenstein.

Les rituels maçons en dessous du quatrième degré s'inspirent librement de l'enseignement du yoga, mais au sein du Conseil Suprême de la Maçonnerie, le yoga n'est en aucun cas enseigné ou suivi. Les Suprêmes Conseils ont quelques secrets d'un réel intérêt pour le monde normal. On sait que Mazzini et Pike communiquaient par télégraphe sans fil bien avant que Marconi ne l'"invente". Un autre secret surprenant détenu par les élus du Suprême Conseil est la façon de fabriquer de l'argent et de le transformer en or.

Cette formule a été démontrée à Lord Palmerston (père du Premier ministre anglais) et à Lord Onslow, maçon au 33ème degré, par un Anglais nommé Price. Price affirmait avoir reçu la formule secrète "des esprits". Il a prouvé son affirmation en faisant fondre du mercure avec une poudre blanche au-dessus d'une flamme forte.

Le mélange a été testé par des experts qui ont constaté qu'il s'agissait d'argent pur. L'argent a ensuite été fondu au-dessus de la flamme et une poudre rougeâtre y a été ajoutée. Plusieurs lingots ont été coulés. Des experts en argent et en or, présents à tout moment, ont examiné le nouveau produit de très près et, après l'avoir testé sur place, ont déclaré qu'il s'agissait bien d'or pur. Le secret reste profondément caché par l'élu du Conseil suprême du Rite écossais. Quant à Price, on dit qu'il s'est "suicidé en buvant du cyanure".

S'agit-il vraiment d'un suicide ou d'un empoisonnement ? Price a-t-il commis une erreur fatale en prouvant ses prétentions à Lord Palmerston, comme cela semble hautement probable ? La mort de Price ne devrait surprendre personne, car les adeptes de la maçonnerie ont toujours été des destructeurs plutôt que des créateurs.

L'industrie sidérurgique américaine en témoigne. Le comte Guido Colonna n'est pas un nom très connu en Amérique. Parmi les centaines de milliers de travailleurs de l'acier au chômage, peu en auront entendu parler. Ce Colonna est un franc-maçon de la noblesse noire, qui a conspiré avec un membre de la noblesse noire française, le comte Davignon, pour détruire l'industrie sidérurgique américaine. On peut juger du succès de cette conspiration par les aciéries rouillées et silencieuses qui parsèment les États du Nord. Qui a donné l'ordre de procéder au plan de démolition ?

La réponse est les Guelfes, mieux connus sous le nom de Maison de Windsor. Les Guelfes sont la pierre angulaire de l'oligarchie dans le monde entier.

Si nous voulons sérieusement mettre un terme à la destruction de nos industries, nous devons commencer par le sommet avec les Guelfes, en particulier les Guelfes anglais, qui opèrent par le biais du Rite écossais de la franc-maçonnerie. L'importance unique de cette vieille famille est totalement négligée dans les études sur "ce qui ne va pas avec l'économie américaine".

Les Windsor règnent sur la Grande-Bretagne et le Canada, qui ne sont rien d'autre que leurs fiefs personnels. La force des Windsor réside dans leur mainmise sur les matières premières du monde et leur capacité impressionnante à dépouiller les pays de ces matières premières. En faisant quelques recherches, on s'aperçoit qu'ils le font au Canada avec le bois, le pétrole et les fourrures.

En Afrique du Sud, c'est l'or et les diamants par l'intermédiaire des voleurs Oppenheimer Anglo American ; au Zimbabwe (ancienne Rhodésie), c'est le minerai de chrome (le plus pur du monde) par l'intermédiaire de Lonrho, une société appartenant à un cousin d'Elizabeth, la reine d'Angleterre ; et en Bolivie, c'est l'étain, par l'intermédiaire de la société Rio Tinto. (Voir *Le Comité des 300* pour plus de détails).

Les Windsor (Guelphs) ne se soucient pas de savoir qui détient le pouvoir politique dans un pays. À l'exception de la Russie, tous les titulaires de fonctions sont les mêmes pour eux. Ils gardent toujours leur mainmise sur les ressources naturelles de la plupart des pays. Le prince Philip dirige les opérations de divers groupes "écologiques", qui sont des véhicules à peine déguisés pour éloigner les "étrangers" des réserves de matières premières des Windsor. Ce "conservationniste", président du World Wildlife Fund, n'a aucun scrupule à abattre 1000 faisans en un week-end !

Grâce au groupe Hambros, les revenus des Windsor se chiffrent en milliards de dollars. Le Groupe Hambros maintient sa position de force grâce à un réseau d'agents de change maçons. Les autres sociétés dirigées par les Mason sont : Shearson, Amex, Bear Stearns et Goldman Sachs, toutes sous l'égide du Hambros Group, qui est en fin de compte contrôlé par les Windsor Guelph de la noblesse noire vénitienne.

Les Guelfes sont associés à la maçonnerie depuis des centaines d'années. Leurs liens avec l'Angleterre ont commencé avec la dynastie vénitienne des Corso Donati en 1293.

CHAPITRE 13

LA GUERRE CIVILE AMÉRICAINE ÉTAIT L'ŒUVRE DE LA FRANC-MAÇONNERIE

D u début à la fin, la terrible guerre civile américaine a été l'œuvre de la franc-maçonnerie. Le récit qu'en font les francs-maçons ne figure dans aucun de nos livres d'histoire pour des raisons évidentes. Les familles anglophiles, qui n'ont pas rejoint les colons dans la guerre contre la Grande-Bretagne, se sont installées en Nouvelle-Écosse, d'où elles ont aidé les Britanniques tout au long de la Révolution américaine. Plus tard, elles sont retournées aux États-Unis et ont perpétué la tradition d'aider la conspiration britannique franc-maçonne contre l'Amérique républicaine, qui a culminé avec la guerre civile.

Dans ce cruel désastre, l'Amérique a perdu 500 000 hommes, plus que nos pertes combinées dans les deux guerres mondiales. La guerre civile était un complot franc-maçon oligarchique britannico-européen visant à diviser le pays en États en guerre, puis à reprendre ce qu'ils avaient perdu lors de la Révolution américaine. Ils ont été habilement soutenus dans cette entreprise par une multitude de traîtres "américains". L'infâme Establishment libéral aurait pu réussir et les États-Unis n'existeraient pas aujourd'hui sans le travail remarquable accompli par les patriotes américains Clay et Carey.

Nous devons tirer cette leçon de l'histoire, même si celle-ci n'apparaît pas dans l'ouvrage de l'historien Charles Beard. La franc-maçonnerie n'a jamais baissé les bras après avoir perdu la guerre contre les colons. Les choses se sont précipitées en 1812, après une longue période pendant laquelle la marine britannique a saisi des navires américains et emprisonné des milliers de marins américains. Les Kissinger de l'époque ont déclaré que l'Amérique ne pouvait rien y faire, et ils avaient raison. L'ennemi mortel de la maçonnerie suisse, Albeit Gallatin, avait réduit notre budget de défense, nous laissant sans véritable marine. Forts de deux défaites aux mains de la jeune République en moins de 150 ans, les Britanniques se sont à nouveau retournés contre les États-Unis en vendant leurs moteurs à réaction à flux centrifuge Derwent à l'URSS pour qu'ils soient installés dans les avions de combat MIG 15, qui ont été utilisés pour bombarder et mitrailler les troupes américaines en Corée. Sans le moteur Derwent, il aurait fallu aux Soviétiques au moins quinze ans pour construire un avion de combat à réaction.

Tout comme aujourd'hui, il y a ceux d'entre nous qui se méfient profondément de la "relation spéciale" entre les États-Unis et la Grande-Bretagne, ayant vu ce qu'elle a fait à notre pays, de même à l'époque de l'Essex Junto, il y avait des patriotes qui voyaient clair à travers les complots et les plans de la maçonnerie britannique. Ils ont essayé de révéler la trahison de Caleb Cushing et John Slidell.

Ils ont mis en garde contre les politiques économiques de "libre-échange" de l'époque, celles-là mêmes que nous avons permis à Milton Friedman de vendre à l'administration "conservatrice" de Reagan.

Le libre-échange est un complot concocté par les francs-maçons britanniques pour détruire notre économie. Il est temps de tirer le rideau sur l'histoire des traîtres de la noblesse noire vénitienne liés aux Rites écossais, tels que les pirates Sam et George Cabot et les Pickering, qui ont fait fortune grâce à la double misère du commerce de l'opium et des esclaves.

Les ancêtres de McGeorge Bundy étaient des marchands d'esclaves. C'est le franc-maçon John Jacob Astor qui a permis aux Pickering de se lancer dans le commerce de l'opium en Chine, un commerce énormément lucratif. La vérité doit être dite sur tout le nid de vipères qui se tortille au sein de la Compagnie britannique des Indes orientales, de Loring, d'Adam Smith et de David Hume. C'est Loring qui a volé les rations des Américains faits prisonniers par les Britanniques pendant la Révolution américaine, qu'il a ensuite vendues à l'armée britannique pour un profit énorme, laissant les prisonniers américains mourir de faim sur de terribles navires-prisons.

Lorsque j'ai lu pour la première fois l'ouvrage de Mathew Carey, *The Olive Branch*, je ne pouvais pas croire ce que je lisais. Mais au fil des années, j'ai découvert que tout ce que Carey affirmait était bel et bien fondé.

Un autre ouvrage que je recommande est *The Famous Families of Massachusetts*. Ces familles célèbres comptent dans leurs rangs les descendants des Lorings, des Pickering et des Cabots, descendants du réseau maçonnique mis en place à l'origine dans ce pays par l'oligarque français Cabot et le Suisse Prévost.

L'Establishment libéral anglophile de la côte Est est à l'origine de ce genre d'agissements. Je pourrais continuer à citer des noms de famille et leur histoire, que tout a été fait pour dissimuler. Leur loyauté va aux familles royales et aux oligarchies européennes et britanniques par le biais du rite écossais de la franc-maçonnerie. Ils peuvent réussir à nier leur histoire, mais cela ne change rien au fait avéré que leurs liens étroits avec les centres d'intrigues maçonniques ont été prouvés.

Aujourd'hui, ils sont en contact indirect avec la Loge des Sept Sœurs à Paris. Cette Loge dirige une vaste opération de contrebande de drogue qui atteint le cœur même des "têtes couronnées d'Europe". Ils croient, comme Robert Holzbach, le chef du Rite écossais de l'Union des Banques Suisses, que "la souveraineté ne remplace pas la solvabilité."

En d'autres termes, le pouvoir de l'argent transcende toute considération. Holzbach est typique du pouvoir de l'argent qui opposait le Monde Ancien à la jeune République des États-Unis. Holzbach travaille en étroite collaboration avec la loge maçonnique italienne P2, créée pour œuvrer au retour de la Maison de Savoie sur le trône d'Italie. Grâce au réseau écossais du Rite-P2, la vie privée de chacun n'est pas protégée. Le gouvernement américain a ses connexions dans ces cercles. Votre compte numéroté dans une banque suisse peut déjà être connu du gouvernement américain ou de toute autre partie intéressée. Ceci est généralement connu, c'est pourquoi ceux qui ont de l'argent à cacher ne démarchent plus de banque en Suisse.

Ceux qui appartiennent à l'Église épiscopalienne d'Amérique, sachez que votre archevêque, Robert Runcie, est membre du Conseil suprême du Rite écossais de la franc-maçonnerie. Si ce n'était pas le cas, il n'aurait jamais été "approuvé" comme archevêque par Elizabeth Guelph.

Runcie est l'homme de contact personnel de la reine Elizabeth et du Conseil mondial des églises.

L'influence considérable du Rite écossais sur notre histoire passée et sur les décisions importantes, nationales et étrangères, prises par chaque administration américaine, peut être mesurée en termes de dommages causés à l'intérêt supérieur du pays. Tout comme il a été responsable de la planification de la guerre civile, le Rite écossais de la franc-maçonnerie planifie la troisième guerre mondiale. Si nous ne faisons pas le point sur les forces puissantes qui dirigent les affaires américaines, peu importe qui occupe la Maison-Blanche, nous n'avons aucun espoir de combattre l'ennemi. La seule façon de contrecarrer les plans des traîtres du Rite écossais est de dévoiler leurs activités.

Pour ce faire, nos patriotes doivent être informés de ce que le Rite écossais, et en fait toute la maçonnerie, représente, à savoir le renversement de l'ordre existant et la destruction des États-nations, en particulier ceux qui ont une constitution républicaine, la destruction de la famille et la destruction du christianisme. Il m'a été très difficile de séparer ce message de celui que j'ai fait sur l'influence des familles oligarchiques et royales sur nos affaires. Je vous recommande de vous procurer également un exemplaire de cet ouvrage, *King Makers and King Breakers : The Cecils*, et de l'utiliser en conjonction avec ce livre sur la franc-maçonnerie.

CHAPITRE 14

CONSPIRATION : LE GOUVERNEMENT MONDIAL UNIQUE

Sur un sujet aussi vaste que la société secrète connue collectivement sous le nom d'Ordre Maçonnique Libre et sous divers autres noms, il n'est pas possible de traiter de manière exhaustive des origines de la franc-maçonnerie. Par conséquent, l'objet de cet ouvrage est de fournir des éléments qui vous aideront à mieux comprendre les événements économiques et politiques qui secouent actuellement le monde en mettant en évidence le lien entre ces événements sataniques destructeurs et la franc-maçonnerie. Soyez patient, ne vous arrêtez pas ici et ne m'écrivez pas pour me dire que vous êtes membre de l'un ou l'autre des nombreux ordres maçonniques et que vous savez que les Maçons sont une belle société philanthropique, qui a banni les questions politiques et religieuses de ses discussions et délibérations.

Le problème est que les maçons des degrés inférieurs ne savent jamais ce que font les maçons des degrés supérieurs. La nature même de la structure du mouvement les empêche de le savoir. Il est donc relativement facile pour les hauts dirigeants de tromper les membres de la base sur les actions, les objectifs et les intentions de la maçonnerie. Et si par hasard l'un des membres de l'ordre inférieur gravitait au sommet, il fait le serment de garder le secret sous peine de mort et de ne jamais révéler ce qu'il sait aux frères inférieurs ou à quiconque en dehors de l'ordre maçonnique. Ce serment de silence est très strictement appliqué. Je vais essayer d'éviter de mentionner les nombreux cultes et croyances religieuses liés à la franc-maçonnerie et m'en tenir aux aspects de la maçonnerie anglaise et américaine.

Selon la plupart des autorités en la matière, la maçonnerie anglaise s'est établie en 1717 sous le nom de guildes de maçons opératifs ou travailleurs, et a ouvert ses portes à ce qu'on appelait les maçons spéculatifs, c'est-à-dire les maçons non travailleurs, créant ainsi un mouvement combiné appelé les Grandes Loges anglaises. Les anciens maçons de la Guilde existaient depuis de nombreux siècles avant 1717, mais ils ne constituaient pas, je le répète, une force politique. Ils ne s'occupaient que de faire leur métier, de vivre de leur artisanat et/ou de leur profession sous forme d'atelier fermé, c'est-à-dire qu'ils préservaient leurs secrets contre toute pénétration extérieure.

Les premiers maçons, c'est-à-dire avant 1717, n'avaient que trois degrés — Apprenti, Compagnon et Maître maçon. Lors de la fusion, les Maçons de la Guilde ont permis que de grands changements aient lieu, le premier étant que le nom du Dieu chrétien soit éliminé du rituel, la Maçonnerie Bleue, comme on l'appelait, était à cette époque un mouvement pratiquement nouveau et cela a mis fin à la coopération avec les Maçons de l'Artisanat. En bref, les maçons spéculatifs non actifs ont complètement pris le dessus et l'ordre ancien a disparu de la scène.

De ce nouvel ordre est né un nouvel ordre maçonnique militant et révolutionnaire appelé le Rite écossais. Tout en interdisant les rituels du Grand Orient, c'est-à-dire la maçonnerie européenne, la franc-maçonnerie anglaise n'a pas interdit le Rite écossais et ce rituel révolutionnaire a, comme un virus mortel, pris le contrôle de toutes les cellules maçonniques en Angleterre et en Amérique pour s'introduire aux commandes de tous les leviers de pouvoir de la société.

La plus grande partie des membres de la Maçonnerie anglaise reste au troisième degré, ignorant généralement les maux perpétrés en son nom dans les degrés supérieurs. Lorsque le neuvième degré est atteint, la nature révolutionnaire de la maçonnerie du rite écossais est exposée aux candidats qualifiés, car il s'agit de son objectif final : la subversion de l'État par la maçonnerie telle qu'elle est enseignée au 33ème degré, ce qui explique également pourquoi de nombreux maçons du 33ème degré ont été chargés de dissoudre les gouvernements existants dans de nombreux pays.

Par exemple, lors des révolutions française et américaine, de la guerre entre les États et, plus récemment, au Zimbabwe, où un franc-maçon du 33ème degré, Lord Somas, a trahi le Zimbabwe et l'a livré aux mains d'un tyran communiste, sous couvert du terme frauduleux de "règne de la majorité", et lors de la capitulation totale de l'Afrique du Sud par les francs-maçons à la tête de la Grande-Bretagne et des États-Unis.

Somas était l'un de ces "hommes déterminés de la maçonnerie" décrits par Disraeli, le Premier ministre de Grande-Bretagne et un franc-maçon, lorsqu'il a parlé en particulier des loges du Rite écossais et du Grand Orient en disant :

> Il faut tenir compte des Sociétés secrètes qui peuvent détourner toutes les mesures au dernier moment, qui ont

des agents partout, des hommes déterminés encourageant les assassinats, etc.

Cela ne ressemble certainement pas à la société philanthropique que les maçons prétendent être et, en vérité, elle ne l'est pas. La question se pose : pourquoi devons-nous avoir des sociétés secrètes de toute façon ? L'Amérique a été fondée sur des principes chrétiens qui stipulent clairement "que les hommes préfèrent les ténèbres à la lumière pour que leurs mauvaises actions soient obscurcies". C'est, je crois, la vraie raison des sociétés secrètes ; fondamentalement, leurs actions sont mauvaises. Il n'y a pas d'autre explication à la nécessité du secret ! Il n'est pas nécessaire de s'étendre sur la société secrète qui a dirigé la Révolution française. Aujourd'hui, tous les historiens s'accordent à dire qu'il s'agissait du Club des Jacobins maçonnique.

Voici ce qu'un Grand Maître très remarquable du Supreme Council of Scottish Rites, Dominica Anger, avait à dire lorsqu'il confirmait le 33ème degré à des maçons nouvellement qualifiés sur le point de le recevoir :

> Frère, tu as terminé ton instruction en tant que chef de la franc-maçonnerie. Prononce ton serment suprême. Je jure de ne reconnaître d'autre patrie que celle du monde. Je jure de travailler partout et toujours à détruire les frontières, les limites de toutes les nations, de toutes les industries, non moins que de toutes les familles. Je jure de consacrer ma vie au triomphe du progrès et de l'unité universelle et je déclare professer la négation de Dieu et la négation de l'âme. Et maintenant, Frère, que pour toi la patrie, la religion et la famille ont disparu à jamais dans l'immensité de l'œuvre de la Franc-maçonnerie, viens à nous et partage avec nous l'autorité sans bornes, le pouvoir infini que nous détenons sur l'humanité. La seule clé du progrès et du

bonheur, les seules règles du bien sont tes appétits et tes instincts.

Voilà en quelques mots l'essence même de l'ordre franc-maçon du Rite écossais, qui domine la maçonnerie américaine. L'une des choses les plus intéressantes à propos du communisme, de la franc-maçonnerie et des Jésuites est qu'ils ont tous un personnage notable dans l'histoire qui les relie — Karl Marx, l'homme qui a revendiqué les enseignements de Weishaupt comme son "manifeste" original.

Marx a farouchement (et souvent violemment) défendu les Jésuites tout au long de sa vie. Marx est l'homme qui fait le lien. Marx a également soutenu ardemment la société secrète des francs-maçons, ce qui constitue à mon avis un lien important "négligé" par presque tous les historiens. Cette négligence est un processus délibéré. On ne peut nier que le socialisme est utilisé pour promouvoir l'objectif d'un gouvernement mondial unique, et il est intéressant de noter que Marx, qui déteste ouvertement la religion, a épousé avec tant de passion le jésuitisme.

Ignace Loyola a fondé l'ordre des Jésuites le 5 avril 1541, qui a ensuite été avalisé par le pape Paul XI. L'Ordre a quelque chose d'un peu maçonnique, en ce sens qu'il se compose de six grades ou degrés, le chef de l'Ordre étant connu par son grade militaire, c'est-à-dire un général, qui exige de tous les jésuites une loyauté absolue et indéfectible et qui, à son tour, prend le pouvoir absolu sur chaque jésuite dans tous les domaines. Le Général a le pouvoir d'admettre ouvertement ou secrètement des personnes qui ne sont pas membres de la Compagnie. Les supérieurs et les recteurs sont tenus de faire un rapport au Général chaque semaine sur toutes les personnes avec lesquelles ils ont eu des relations ou des contacts. Les Jésuites constituent un puissant contre-pouvoir envers le Pape, une force qu'ils n'ont jamais hésité à utiliser comme lors de l'Inquisition, dont les Jésuites se sont distancés autant que possible. Les papes ont toujours considéré les jésuites avec suspicion, à tel point qu'en 1773, l'ordre est interdit. Au mépris du pape, Frédéric II de Prusse protège les Jésuites pour ses propres intérêts.

Au cas où un lecteur s'opposerait au lien établi entre les Jésuites et la franc-maçonnerie, permettez-moi de dire ici que l'une des meilleures autorités en la matière est probablement Heckethorn, et je vais citer ce qu'il a dit :

> Il y a une grande analogie entre les degrés maçonniques et jésuites ; et les jésuites aussi foulent le soulier et mettent le genou à nu parce qu'Ignace Loyola s'est ainsi présenté à Rome et a demandé la confirmation de l'ordre.

Non contents de la confession, de la prédication et de l'instruction, par lesquelles ils avaient acquis une influence sans précédent, ils formèrent en Italie et en France, en 1563, plusieurs congrégations, c'est-à-dire des réunions clandestines dans des chapelles souterraines et autres lieux secrets. Les ségrégationnistes avaient une organisation sectaire avec des catéchismes et des manuels appropriés qui devaient être abandonnés avant la mort, c'est pourquoi il en reste très peu d'exemplaires.

Les Jésuites ont cherché à aider le Nouvel Ordre Mondial en soutenant fortement des personnes révolutionnaires telles que Karl Marx, qui à son tour défendait farouchement les Jésuites comme je l'ai dit précédemment. D'autres notables qui ont défendu le jésuitisme et la franc-maçonnerie sont Adam Smith, le maître-espion britannique des Indes orientales, qui a été utilisé pour promouvoir de fausses théories économiques, ainsi que son co-conspirateur, Thomas Malthus. Tous deux étaient des protégés du maçon de rite écossais, le comte de Shelburne, qui a fomenté la Révolution française et la Révolution américaine. En fait, ce que tous ces hommes, y compris Marx, défendaient, c'était le féodalisme, qui a été détruit à jamais par la Révolution américaine.

Jeremy Bentham, un sataniste adorateur du diable de la trempe d'Albert Pike, s'est opposé au républicanisme, comme le font aujourd'hui tous les conspirateurs francs-maçons et jésuites. Les familles rentières qui dirigeaient le monde à l'époque de Bentham voyaient un danger dans la liberté de l'homme par le biais d'une forme républicaine de gouvernement, et elles ont donc entrepris d'utiliser tous les moyens à leur disposition pour annuler les grands avantages découlant de la Révolution américaine. Cette lutte avec la franc-maçonnerie se poursuit encore aujourd'hui en 2009, mais elle est maintenant dans sa phase finale. Il est significatif que les dirigeants de la conspiration de l'ordre mondial unique soient principalement des francs-maçons et, dans certains cas, des jésuites comme Brzezinski, qui est aussi un Verseau. (Un membre de la Conspiration du Verseau) Ils sont à l'avant-garde de la lutte pour renverser la République américaine, qui est une chose absolument détestée par la Noblesse noire d'Europe et des soi-disant aristocrates d'Amérique.

Les familles de la noblesse noire vivent en Italie (Venise, Gênes et Florence), en Suisse, en Grande-Bretagne et en Bavière. C'est là que se trouvent ses principaux membres et c'est de là que toutes sortes de crimes contre l'humanité ont été planifiés et exécutés depuis le XIVème siècle.

CHAPITRE 15

UN APERÇU DE KARL MARX

K arl Marx était en fait une création de l'une de ces anciennes oligarchies et a proclamé que l'Union soviétique était une oligarchie. Ces oligarchies comprenaient les États-Unis et elles ont déclaré que le républicanisme était un ennemi mortel, qui devait être éliminé par toutes les méthodes disponibles.

Bien que Pike se soit déclaré totalement opposé à un système républicain avec des principes démocratiques. L'une de ces méthodes est le fanatisme religieux, associé à la pénétration des cultes et des ordres religieux. Et ce n'est pas seulement une forme républicaine de gouvernement qu'ils veulent voir détruite. Ils souhaitent voir l'ensemble des États-Unis revenir à un système féodal dans lequel les "nobles aristocrates" de l'Establishment oriental disposent des pleins pouvoirs dictatoriaux.

Je n'ai rencontré aucun écrivain dans la "culture de la conspiration" américaine qui ait expliqué le féodalisme de manière satisfaisante. Ceux qui ont écrit sur le sujet n'ont fait que démontrer leur manque de connaissance de sa véritable signification. C'est dans cet esprit que je me permets de m'étendre sur le féodalisme dans la mesure où il a un lien direct avec la Maçonnerie.

Au cours de l'âge des ténèbres qui a régné sur l'Europe

pendant des siècles, l'individu était sans défense. La préservation de la vie était le facteur principal et les hommes s'engageaient dans une servitude totale envers les plus forts d'entre eux qui, en retour, les protégeaient de ceux qui s'en prenaient à eux. Les hommes forts s'engageaient envers des hommes encore plus forts, et c'est de là qu'est né le système féodal. Les hommes s'engageaient à servir dans l'armée du groupe le plus fort pendant des périodes données — disons 50 jours par an.

Cela a conduit à l'émergence d'une classe de guerriers qui est devenue la noblesse. Ils avaient besoin d'armement, de chevaux et de places fortifiées pour se protéger, ce qui était possible grâce à la main-d'œuvre "gratuite". Les places fortifiées, qui étaient à l'origine des palissades, sont devenues de solides bâtiments en pierre, imposants par leur conception et leur exécution.

Les tailleurs de pierre, les maçons, les forgerons et les ouvriers métallurgistes devaient tous accorder leur travail gratuitement pour la construction de ces super-structures. La principale source de richesse était la terre et le travail de ceux qui l'exploitaient pour produire des biens qui se traduisaient en richesse. La condition du serf a très peu changé au cours des siècles, certains devenant progressivement des métayers tout en versant des paiements au seigneur du manoir. Ni lui ni sa famille ne pouvaient se marier sans l'autorisation du seigneur du manoir, ce qui impliquait généralement le paiement d'une taxe. Il n'a jamais été un homme libre.

La barrière omniprésente à sa liberté était la loi qui l'obligeait à rester là où il était. En d'autres termes, il n'avait pas le droit de bouger. À sa mort, ses meilleurs animaux de ferme allaient au seigneur du manoir. Albert

Pike et ses collègues maçons ont promis une "liberté totale" à tous ceux qui deviendraient membres de la franc-maçonnerie.

Cependant, le plus proche ami et collaborateur de Pike était Giuseppe Mazzini (1805-1872), le leader maçon italien qui ne pouvait tolérer le système capitaliste industriel. Mazzini était un sataniste et aussi un prêtre jésuite !

Mazzini était le fondateur de la ligue de la Jeune Europe, qui a très vite ouvert une branche en Amérique appelée Young America. Karl Marx a été l'un des premiers membres des mouvements radicaux francs-maçons de Mazzini à partir de 1840, il est donc tout à fait clair que la franc-maçonnerie a créé Karl Marx en tant que figure révolutionnaire défendant les travailleurs, afin de l'utiliser comme une massue pour battre à mort le capitalisme industriel. Mazzini, le jésuite partisan de la franc-maçonnerie, a en fait lancé la carrière de Karl Marx contre le capitalisme en réunissant des francs-maçons communistes notables et en fondant la radicale "Association Internationale des Travailleurs".

À partir de ce moment-là, Karl Marx a rarement échappé à l'attention du public. Marx n'a développé sa haine du capitalisme industriel qu'après cette réunion fatidique de Londres au cours de laquelle a été fondée la Ligue Internationale des Travailleurs, dont Marx est sorti en disant :

> Je suis déterminé à écraser tous les mouvements politiques du capital industriel là où je les trouve.

Marx a également dit :

Tout le mal doit être mis sur le compte du développement du capital industriel.

Marx n'a jamais manqué de prêcher ce thème. J'espère que le lecteur peut discerner à quel point nous avons souffert de la duplicité de la franc-maçonnerie et du jésuitisme. Ces deux mouvements sont toujours en guerre contre les États-Unis.

Cela faisait partie des intentions annoncées par des francs-maçons de haut degré tels que Pike et Mazzini ; renverser l'ordre existant, ce que Weishaupt a entrepris de faire en 1776, et a ordonné aux Illuminati de le faire. Le mot "impérialisme" a été inventé à l'Association Internationale des Travailleurs et a commencé à être utilisé assez fréquemment à partir de 1890. Parce que l'Amérique est devenue la plus grande nation industrialisée du monde et en raison de ses incroyables possibilités de croissance, les États-Unis sont devenus la nation la plus détestée, surtout en raison de sa forme républicaine unique de gouvernement. Les familles de l'oligarchie américaine ont tout fait pour soutenir un tel climat de haine. Une grande partie de ce que Marx a appelé "l'affreux américanisme" a gagné du terrain dans le monde entier. Bien sûr, personne n'a pensé à faire remarquer que les idées de Lénine étaient aussi proches que possible d'un système impérialiste, le communisme n'étant rien d'autre qu'un système de capitalisme étroit basé sur l'oligarchie. Ce n'était jamais le vrai communisme et ce n'est plus le communisme maintenant. Il s'agit simplement d'un capitalisme de nature monopolistique brutal débouchant sur le pouvoir total, entre les mains de quelques hommes.

CHAPITRE 16

RETOUR SUR L'HISTOIRE

Quand j'étais jeune étudiant, j'ai lu l'histoire d'Auguste César par Tacite. J'étais rempli d'étonnement. Je me disais que le peuple romain pouvait sûrement comprendre à quel point il était décadent et que Rome allait bientôt disparaître. Pourquoi personne n'a fait quelque chose pour arrêter la chute de Rome ? Pourquoi, en Amérique, n'avons-nous pas vu que l'Amérique se dégradait ? Le peuple doit sûrement voir que l'Establishment libéral oriental et son alliance avec l'oligarchie britannique sont en train de ruiner ce pays ?

Le peuple doit-il se rendre compte que nous sommes dans les dernières années de la plus merveilleuse République que le monde ait jamais connue ? La réponse est que le peuple américain n'est pas différent des Romains. Ils ne voient rien de tel ! Et ils ne veulent pas non plus être dérangés par des gens comme moi qui essaient de le faire remarquer. "Laissez-nous tranquilles", disent-ils. "L'Amérique n'est pas la Rome antique. Nous avons notre Constitution. Nous sommes forts. Nous ne serons pas vaincus."

C'est précisément le but. Parce que vous, le citoyen américain, avez une Constitution, l'Establishment oriental vous considère comme une menace qu'il doit travailler nuit et jour pour éliminer. Et qu'est-il arrivé à notre Constitution, le plus grand document après la Bible ? Elle a été piétinée et mise de côté !

Je vais dire avec fermeté que j'ai été le seul à attirer l'attention sur le lien entre la guerre des Malouines et l'Establishment oriental. J'ai également été le premier, et pendant très longtemps, le seul à écrire sur le Club de Rome, Felipe Gonzales, le rapport Global 2000 et le multiculturalisme, tel que le Nouvel Âge du Verseau. Aujourd'hui, ces noms sont publiés dans de nombreuses publications de droite, mais pendant près de dix ans, les seules informations sur ces noms provenaient de mes archives.

La guerre des Malouines était une guerre menée et au nom de la noblesse noire britannique et d'Elizabeth Guelph, la reine d'Angleterre. L'Amérique n'avait aucun droit d'aider ces ennemis de la vraie liberté à triompher des Argentins. Pourtant, nous avons fourni aux Britanniques tout le soutien imaginable en armes et en systèmes de secours. Ce faisant, nous avons sali notre propre nid, ignorant que John Quincy Adams a rédigé la fameuse doctrine Monroe pour prévenir un tel événement.

La classe dirigeante de l'Establishment oriental, longtemps associée à ses homologues britanniques, a en effet déchiré la Doctrine Monroe en soutenant les agresseurs britanniques, affirmant en fait qu'avec leur haine de notre République, ils savent quoi faire de documents comme la Doctrine Monroe, et ils l'ont fait pendant la guerre des Malouines, en déversant le mépris et le ridicule sur ses pages, sous la présidence du président "conservateur" Reagan.

En déversant son mépris sur la Doctrine Monroe,

l'Establishment oriental, ennemi du peuple américain et de sa grande République, a également répudié la victoire de 1812 sur les Britanniques par la petite et inadéquate Marine américaine. Cette grande victoire navale américaine a eu lieu après que le traître d'origine suisse, Gallatin (secrétaire au Trésor), ait fait tout ce qui était en son pouvoir pour empêcher la construction d'une marine américaine. Gallatin était au service de la noblesse noire britannique, suisse et génoise et de leurs familles de banquiers rentiers et a fait tout ce qu'il pouvait pour étrangler et étouffer la jeune République américaine. Gallatin était l'exact opposé de John Quincy Adams et de Benjamin Franklin.

Alors que John Quincy Adams et Franklin servaient l'Amérique, Gallatin servait les vieilles familles féodales de Grande-Bretagne, de Venise, de Gênes et d'Autriche, exactement de la même manière que les présidents Wilson, House, Roosevelt Stimson, Knox, Bush et Clinton devaient servir les conspirateurs, alors qu'ils travaillaient à renverser la République américaine en faveur d'un gouvernement mondial unique despotique et esclavagiste.

Revenons à la guerre de 1812. À la suite de la sauvagerie extrême exercée contre sa flotte marchande par les navires de guerre britanniques et leurs substituts, les pirates de la côte de Barbarie, l'Amérique a finalement déclaré la guerre aux Britanniques — mais pas à l'Establishment oriental. La petite marine américaine finit par vaincre la puissante marine britannique. Enfin, la paix revenue, le traité d'amitié, de navigation et de commerce cède à l'Espagne, puis à l'Argentine, les îles Malouines.

Ainsi, les Argentins avaient un titre légal sur les îles Malouines. Pourtant, George Bush, George Shultz et Alexander Haig, serviteurs de l'Establishment oriental, ont ignoré la mémoire de ces braves Américains qui ont vaincu les Britanniques pour la deuxième fois et, par leur trahison en aidant les Britanniques à envahir les Malouines, ont déchiré la Doctrine Monroe et ont une fois de plus asservi les États-Unis aux féodaux britanniques et européens. Et c'est le président Reagan qui a présidé à cette profanation.

Oui, nous avons excorié les noms de nos héroïques hommes d'État, John Quincy Adams et le Président Monroe. Nous n'avons pas seulement permis à une force britannique belliqueuse d'entrer dans notre hémisphère, nous l'avons aidée à vaincre une nation amie avec laquelle nous avions signé un traité. S'il y a quelqu'un qui ne croit toujours pas que les Britanniques contrôlent l'Amérique, je vous invite à reconsidérer soigneusement, non seulement ce qu'ils ont fait à l'Argentine, mais aussi ce qu'ils ont fait à notre propre pays, les États-Unis. Les responsables de la violation de la Doctrine Monroe auraient dû être jugés pour trahison et punis s'ils étaient reconnus coupables.

Ils ont trahi tout ce que la République des États-Unis représentait lorsqu'ils ont laissé les Britanniques entrer dans notre hémisphère ! C'est ce qui s'est passé. Quelqu'un aurait pu voir ce qui se passait ? Quelqu'un aurait pu l'arrêter ? Sommes-nous aussi aveugles que les Romains l'étaient ?

La réponse dans le second cas est que personne en Amérique, y compris notre Président, n'est assez fort pour empêcher la Prostituée de Babylone, le pouvoir monétaire de l'Establishment oriental, de faire exactement ce que ses maîtres européens lui ordonnent de faire ! Nous sommes portés par une marée rapide et montante, propulsés à un rythme rapide vers le jour fatal où nous serons submergés par un gouvernement mondial unique. Il n'y a pas moyen d'arrêter cette marée qui se précipite furieusement ! Même ceux qui, comme moi, écrivent depuis des années sur le sujet et savent exactement ce qui se passe, ne peuvent pas faire grand-chose pour arrêter la tragédie. Aussi sûrement que Rome est tombée, l'Amérique tombera.

Nous entrons dans les dernières années de notre République. Mais peu le perçoivent, comme l'affirme Tacite ni César Auguste ni personne ne s'est aperçu que Rome tombait.

Les principaux architectes de notre déclin sont les jésuites francs-maçons et leurs liens entrelacés avec l'Establishment oriental américain et les nobles noirs britanniques, vénitiens, génois et suisses. Le complot de Mme Thatcher et d'Henry Kissinger visant à trahir l'Amérique par leurs accords secrets avec Moscou l'a prouvé.

Au cas où vous penseriez que ma croyance en l'existence d'accords secrets entre l'Establishment oriental et l'URSS est hors de propos, laissez-moi vous dire que l'un des pires traîtres de l'histoire de la République américaine, McGeorge Bundy, un traître dit "sang bleu", a créé l'un des premiers instituts de ce type, l'International Institute for Applied Systems Analysis, en collaboration avec l'agent du KGB Alexei Dzhermen Gvishiani, qui se trouvait être le gendre du défunt Premier ministre Alexei Kosygin (1904-1980). McGeorge Bundy soutient fermement la doctrine malthusienne fatale des francs-maçons, qui tue aujourd'hui les économies des nations occidentales. McGeorge Bundy est membre de l'ordre des francs-maçons de l'école écossaise, comme l'était Kosygin.

McGeorge Bundy a joué un rôle de premier plan en

s'opposant à tous les efforts déployés par l'Amérique pour atteindre la parité nucléaire avec l'Union soviétique et, avec les participants à la conférence de Pugwash sur le désarmement, qui étaient presque tous francs-maçons, il a causé un préjudice inestimable aux capacités de défense de l'Amérique. Avec Kissinger, Bundy s'est allié aux promoteurs pugwash du SALT, dont il savait qu'ils finiraient par affaiblir l'Amérique.

McGeorge Bundy et Kissinger se sont tous deux vendus aux mêmes familles de la noblesse noire suisse, allemande et britannique qui ont combattu Washington lors de la Révolution américaine et de la guerre de 1812, alors même que la noblesse noire franc-maçonne continue de combattre la République américaine.

D'où McGeorge Bundy, Kissinger, Harriman, Rockefeller, Cabot, Lodge, Bush, Kirkland (l'actuel dirigeant syndical, dont l'arrière-arrière-grand-père a tiré le premier coup de feu à Fort Sumter pour commencer la destruction de la République), les Lowell, les Astor et toutes les familles de l'Establishment oriental tirent-ils leurs croyances et leurs idées anti-républicaines ?

Il est assez facile de répondre à cette question : le comte de Shelburne (William Petty, 1737-1805), chef des services secrets britanniques et maître-espion, et peut-être plus important encore, chef de l'ordre écossais fanatique ultra-secret de la franc-maçonnerie ! À cet égard, nous voyons à nouveau le rôle vital joué par la franc-maçonnerie dans l'élaboration non seulement des affaires des États-Unis, mais aussi du monde entier, qui se dirige vers une société appelée "gouvernement mondial unique".

Qui était ce maître conspirateur, ce Shelburne, qui dirigeait les cœurs, les esprits et les philosophies de ces familles éminemment respectées de la "vieille fortune" de Boston, Genève, Lausanne, Londres, Gênes et Venise, devenues incroyablement riches grâce au commerce de l'opium et des esclaves : Je fais référence aux familles William Pitt, Mallet et Schlumberger. Shelburne a certainement dominé les cœurs et les esprits de tout l'Establishment libéral de l'Est et de beaucoup, beaucoup d'autres familles dites éminentes et influentes.

J'ai mentionné Lord Shelburne pour la première fois dans mes écrits il y a une vingtaine d'années. À l'époque, aucune publication ou auteur de droite n'avait jamais fait référence à l'autocratique sang bleu britannique qui dirigeait l'opposition à la Révolution américaine.

Shelburne était avant tout un franc-maçon de rite écossais ayant des liens très forts avec les jésuites en Angleterre, en France et en Suisse. Il n'était pas seulement le contrôleur de William Pitt, Premier ministre britannique, mais aussi celui des terroristes Danton et Marrat et des traîtres de l'Establishment oriental menés par Aaron Burr, ainsi que d'Adam Smith, l'espion britannique des Indes orientales devenu économiste, et de Malthus, dont la marée de concepts erronés entraîne les économies de l'Occident dans la perdition.

CHAPITRE 17

LE CHEF FRANC-MAÇON SHELBURNE

L ord Shelburne est l'homme qui a le plus fait pour détruire les bénéfices que l'humanité avait reçus à la suite de la Renaissance du 15ème siècle, et l'homme qui a le plus trahi les idéaux chrétiens tels qu'enseignés par le Christ, nos idéaux politiques sociaux et moraux, et nos concepts de liberté individuelle tels qu'incarnés dans la Constitution.

En bref, Shelburne est le père quasi historique de la révolution, de l'esclavage et du nouvel âge des ténèbres menant vers un ordre mondial unique. Shelburne haïssait et détestait la Renaissance. Il était définitivement un adepte des intérêts particuliers qui pensait que l'homme ordinaire n'était sur Terre que pour servir la classe supérieure, celle à laquelle appartenait Shelburne. Il détestait également le capitalisme industriel et était un ardent partisan du féodalisme, un exemple presque parfait à suivre pour Karl Marx.

En outre, c'est William Petty qui a fondé la Royal Society de Londres, trois fois maudite, précurseur du Royal Institute for International Affairs, qui contrôle la politique étrangère américaine, le Council on Foreign Relations de New York. La Royal Society de Londres et sa progéniture, l'Institut Royal des Affaires Internationales et le Conseil des

Relations Étrangères de New York sont tous deux basés sur les écrits de l'érudit franc-maçon Robert Fludd et sur le rosicrucianisme jésuite.

D'autres francs-maçons qui contrôlaient la Royal Society étaient Elias Ashmole et Lord Acton, tous deux très haut placés dans l'échelon supérieur du leadership maçon. Ces hommes, ensemble et séparément, contrôlaient les actions du Premier ministre britannique William Pitt et de John Stuart Mill, Lord Palmerston et, plus tard, d'hommes tels que H.G. Wells et John Ruskin (Ruskin étant le mentor de Cecil Rhodes et de Lord Alfred Milner) ainsi que les francs-maçons qui dirigeaient les Jacobins lors du déclenchement de l'infâme Révolution française.

C'est Lord Milner qui a lancé la sauvage guerre des Boers, en lançant la puissance de l'armée britannique contre les petites républiques des paysans boers. Lui, comme Shelburne, détestait le républicanisme. Ces notables francs-maçons ont provoqué des ravages indicibles, la misère, la douleur et la souffrance, et le chaos économique au sein de toutes les nations, mais n'oublions pas que c'est William Petty, comte de Shelburne, dont les enseignements les ont inspirés et ont rendu tout cela possible.

N'oublions pas non plus que William Petty, le comte de Shelburne, je le répète, était avant tout un franc-maçon. Les rituels francs-maçons du 33ème degré enseignent qu'il n'y a pas de Dieu, mais parlent beaucoup des anciens cultes maléfiques. La Mésopotamie et l'Égypte étaient les terres où ces cultes maléfiques étaient pratiqués, et rapportés par le comte de Shelburne en Occident et sur lesquels le Club de Rome et les Verseaux d'aujourd'hui sont modelés, ont existé depuis l'antiquité. Ils n'avaient aucun égard, aucune pitié pour une mère dont l'enfant était arraché à elle par les prêtres de Baal pour être brûlé vif dans les bras de fer de Molok en guise de sacrifice en son honneur.

Ces "sociétés de chasse et de cueillette", comme on les appelle, se retrouvent encore aujourd'hui dans certains ordres francs-maçons. Et ne vous y trompez pas, les cultes sont l'incarnation même de tout ce qui est mal, des cultes tels que celui de Dionysos, auquel appartiennent les puissants chefs de la royauté européenne, Magna Mater, Isis, Astarté, le mal, le vil culte chaldéen, et le culte de Lucifer ou le Lucifer Trust, récemment appelé le Lucius Trust, auquel appartenaient Robert McNamara, Cyrus Vance et de nombreux notables de l'Establishment oriental.

(Permettez-moi de dire qu'il existe de nombreux autres cultes auxquels appartiennent plusieurs francs-maçons de haut rang — ceux qui sont liés à l'ordre du gouvernement mondial unique — et j'en parlerai au fur et à mesure).

Mais avant de détailler ce que les francs-maçons des temps modernes font pour instaurer un Nouvel Ordre Mondial-Utopie de l'ère du Verseau, je veux revenir sur les figures maçonniques historiques de la Révolution américaine, de la guerre entre les États, communément appelée guerre civile, puis continuer jusqu'à une époque plus récente.

J'espère vous montrer qu'une ligne rouge de haine envers la République américaine traverse notre histoire depuis plus de 250 ans, et que cette haine est plus forte aujourd'hui que jamais, alors que l'Amérique entre dans sa phase finale avant que le crépuscule du nouvel âge des ténèbres ne s'installe obscurément sur la Terre et tous ses habitants restants.

Avant d'entrer dans certains de ces détails, permettez-moi de dire que la haine du christianisme est encore plus forte en 2008 qu'elle ne l'était au Moyen Âge. Il convient de mentionner qu'il y a très peu de différence entre les buts et les objets des traîtres francs-maçons de l'Establishment oriental d'aujourd'hui et les politiques du socialisme international. "Nos" traîtres ont toujours coopéré avec leurs homologues de Venise. En effet, ce sont les "sangs bleus" d'Amérique et ceux alliés à la faction Guelfe noire en Europe, en particulier Lord Alfred Milner, le franc-maçon de rite écossais, qui ont créé Vladimir Lénine.

Comme je l'ai dit précédemment, la révolution bolchevique n'est pas un mouvement obscur qui a réussi à renverser et à asservir une nation importante. C'était plutôt le résultat d'une planification et d'un complot des francs-maçons, qui a commencé en 1776 avec la guerre contre l'Église catholique menée par le jésuite Adam Weishaupt. Non seulement le complot visant à communiser la Russie est venu de l'Occident, mais aussi l'immense fortune nécessaire pour le mener à bien !

En revanche, lorsque les colons américains se sont engagés dans leur lutte pour se libérer du joug de la servitude imposée par George III, ils n'ont été soutenus par personne d'autre qu'eux-mêmes ! L'Église catholique du Canada, dominée par les Jésuites et dans les rangs de laquelle se trouvaient plusieurs francs-maçons, a joué un rôle clé dans la trahison de la cause américaine pendant la guerre de 1776 en aidant le traître Aaron Burr, un ancien vice-président des États-Unis, qui me rappelle tant de nos anciens présidents.

Ce sont les jésuites catholiques qui ont organisé le passage de Burr afin qu'il puisse espionner pour le compte des Britanniques. Une autre personnalité envoyée en Amérique par les chefs d'État britannique, suisse et génois était Albert Gallatin, un franc-maçon qui s'est frayé un chemin dans la structure du pouvoir du nouveau pays et a entrepris de le détruire de l'intérieur. Son homologue d'aujourd'hui est Paul Volcker, ancien président de la Réserve fédérale pendant l'une des périodes les plus turbulentes de l'histoire des États-Unis, et aujourd'hui, en 2009, conseiller économique du président Obama.

William Shelburne, le Maître Maçon, maître-espion et cerveau de la Révolution française, coordonnait les activités de tous ceux qui étaient engagés dans la lutte pour éradiquer la dangereuse nouvelle République américaine avant qu'elle ne devienne un modèle pour le monde entier. Parmi ces ennemis se trouvait Robert Livingston, du comité du Congrès continental. Shelburne s'arrangea pour que le titre de Leading Scottish Rite Mason passe de son Grand Maître, William Walter, qui était dans l'armée britannique en 1783, au nouveau Grand Maître, Livingston.

Livingston fut intronisé Grand Maître de la Grande Loge de New York, poste à partir duquel il ne cessa de travailler pour les familles Londres-Venise-Gênes-Genève, qui contrôlent encore aujourd'hui les principales richesses de ce monde. Dans ce cercle infâme se trouvaient les sénateurs Hillhouse, Pickering, Tracy et Plummer, qui étaient tous francs-maçons et qui ont joué un rôle de premier plan en essayant de persuader leurs États de faire sécession de l'Union. Comme je l'ai dit, ils étaient tous francs-maçons, tout comme leur confident et coauteur du complot, l'ambassadeur britannique aux États-Unis, Anthony Mary. Lorsque Burr, le maître-maçon, a été démasqué comme traître parce que le complot visant à s'emparer de la Louisiane pour les Britanniques avait mal tourné, il s'est enfui chez ses amis maçons en Angleterre, tout comme

Roberto Calvi s'est enfui chez ses amis maçons de rite écossais en Angleterre. Cependant, contrairement à Calvi, qui a été assassiné par ses soi-disant "amis", Burr a reçu un accueil de héros de la part du comte de Shelburne. Incidemment, c'est John Jacob Astor qui a payé le voyage de Burr. Astor était tout à fait d'accord avec ce que Shelburne croyait, à savoir l'adoration du culte chaldéen satanique, un culte si puissant qu'à une période de l'histoire, il tenait tout l'Empire perse sous son emprise. Le culte chaldéen est largement condamné par la Bible chrétienne.

Les familles de Grande-Bretagne, de Gênes, de Venise et de Suisse sont les descendants de ceux qui ont dirigé le franc-maçon Shelburne pour écraser la jeune République américaine. Des familles souillées par le commerce de l'opium comme Mallet, Pitt, Dundes, Gallatin, et en Amérique, Livingston, Pickering, plus le nid de traîtres de Harvard, forment le noyau des libéraux de l'Establishment oriental et de leurs antécédents qui haïssent l'Amérique et qui ont pleinement l'intention de l'écraser, comme Shelburne leur a enjoint de le faire il y a 250 ans.

L'un des plus persévérants dans cette entreprise était l'"économiste" anglais et franc-maçon de premier plan, Thomas Malthus. Tout comme Marx a été créé par une conspiration jésuite-maçonnique européenne, ils ont également créé Malthus.

Malthus était un espion au service de la Compagnie Britannique des Indes Orientales, l'organisation coloniale britannique chargée de la collecte des matières premières et de la liquidation des actifs, comparable au Fonds Monétaire International d'aujourd'hui. Mais la fausse prémisse économique pour laquelle Malthus s'est fait connaître a en fait été rédigée par un autre franc-maçon, le comte d'Ortes, de la famille bancaire vénitienne Ortes.

La noblesse noire vénitienne, furieuse des activités de l'Américain Benjamin Franklin, commanda et paya au franc-maçon Ortes la rédaction d'une réfutation de l'œuvre de Franklin. Pour l'essentiel, Franklin soutenait l'injonction biblique d'être fécond et de se multiplier. Franklin soutenait que la prospérité économique viendrait d'une augmentation de la population. La noblesse noire, avec sa mentalité de "chasseur-cueilleur", pensait qu'il ne fallait conserver qu'une partie du troupeau commun pour le servir.

Ils croyaient au génocide, et c'est de là que le Club de Rome a tiré ses idées pour l'agenda Global 2000. Les écrits d'Ortes au nom des familles "nobles" étaient très anti-américains, anti-Franklin et ses idées ont été reprises, développées et étendues par d'autres francs-maçons tels que le Premier ministre William Pitt, et plus tard par Malthus, après qu'il ait reçu une bourse et une instruction du franc-maçon de rite écossais, Lord Shelburne. Malthus a ensuite écrit son ouvrage, *On Population*, en contradiction directe avec le travail de Franklin.

CHAPITRE 18

MALTHUS ET BENJAMIN
FRANKLIN

Malthus détestait les travaux de Benjamin Franklin, qui était méprisé par les mêmes familles que l'on retrouve dans cette liste de traîtres, *"America's 60 Families"*, publiée par le franc-maçon Frederick Lundberg.

Ces familles pensent qu'elles sont le "nec plus ultra" de l'Amérique. Elles pensent qu'elles ont le droit inhérent de décider qui doit vivre et qui doit mourir et qui doit décider du destin de l'Amérique.

Les descendants de ces 60 familles ont lutté avec acharnement pour détruire la République américaine et en écraser tous les vestiges. Leurs antécédents font la même chose aujourd'hui, continuant là où leurs ancêtres se sont arrêtés. Cet abcès sectaire doit être excisé du corps de l'Amérique si nous voulons survivre, et le plus tôt sera le mieux.

La plupart des Américains avec lesquels j'ai parlé n'ont qu'une faible idée de l'ampleur de l'humiliation et de la honte que nous avons subies pendant la guerre des Malouines, une honte que nous continuons à subir à travers la dégradation de la guerre en Irak, et ce à juste titre. Nous aurions dû tenir tête aux francs-maçons britanniques et dire "non, nous ne trahirons jamais la mémoire d'un grand patriote américain". Au lieu de cela, nous avons permis aux francs-maçons américains et britanniques de piétiner la tombe de John Quincy Adams et de tenir leur rituel de triomphe autour de sa pierre tombale. J'ai pleuré la trahison des Malouines à l'époque, et je le fais maintenant en 2009, avec la trahison de notre honneur dans la guerre en Irak. C'est l'une des pages les plus sombres de notre histoire. Nous ne devons pas l'oublier. Nous devons nous efforcer d'expulser les familles d'oligarques et les contrôleurs du destin de l'Amérique des îles Malouines et de les restituer à leurs propriétaires légitimes, le peuple argentin. Nous ne devons pas nous reposer avant que la mémoire des 20 000 marins de la flotte américaine, capturés et réduits en esclavage par la marine britannique avant la guerre de 1812, ne soit vengée.

Tant que nous laisserons les "familles nobles" britanniques gouverner les Malouines, nous ne pourrons plus jamais révérer le nom et la mémoire d'un grand Américain, John Quincy Adams. Tant que nous ne le ferons pas, nous n'oserons pas nous appeler une nation chrétienne craignant Dieu. Les trois trahisons qui nous irritent le plus sont celles des Malouines, de l'Afrique du Sud et du Zimbabwe. Pour ma part, je ne peux me reposer tant que les auteurs de ces crimes restent impunis ; des crimes qui ont été planifiés et mis en œuvre par des éléments puissants du mouvement franc-maçonnique, et exécutés par leurs serviteurs américains au sein du gouvernement des États-Unis.

Ce sont les "60 familles", les ancêtres des libéraux de la côte Est d'aujourd'hui, qui ont combattu la Révolution américaine et le républicanisme et qui ont planifié et provoqué une tragédie après l'autre dans les années qui ont suivi, dont la moindre n'est pas l'Organisation des Nations

Unies dominée par Satan et dirigée par un culte. Ce sont ces familles et leurs antécédents qui nous ont donné les cultes maçonniques, gnostiques, brahmaniques, illuminati, Isis, Osiris et Dionysos au lieu du pur Évangile du Christ.

Ce sont les membres de l'Establishment libéral. Les gens qui nous ont donné l'ancienne et acceptée franc-maçonnerie clandestine du Rite écossais (américain), établie officiellement seulement en 1929, mais en réalité fondée en 1761, et donc très active dans sa guerre contre la jeune nation américaine. En passant, je dirais que la célèbre historienne, Lady Queensborough, affirme que les rites sont basés sur d'anciennes origines kabbalistiques.

Albert Mackey, l'homme qui a étudié en détail la maçonnerie, a déclaré ce qui suit :

> La maçonnerie promet aux hommes le salut par des cérémonies inventées par des hommes, administrées par des prêtres, et habitées par des démons. C'est la somme et la substance de toutes les fausses religions de la Terre et elle finira par les unir contre le Christ. Mais le seul adversaire que la maçonnerie redoute est le Christ, qui a refusé d'adorer Satan, et ses disciples.

Le "salut" promis par la maçonnerie a failli conduire à l'échec de la République américaine en 1812 et en 1861, à la terrible guerre entre les États, dite "guerre de Sécession", qui a coûté la vie à plus de 400 000 personnes, fait qui n'a jamais été souligné par les historiens de l'Establishment (les seuls autorisés aux États-Unis). Ce terrible bilan dépasse le nombre de soldats américains tués lors de la première et de la Deuxième Guerre mondiale ! Réfléchissez bien à ce fait et mémorisez-le, car nos soi-disant "historiens" tentent de balayer ces statistiques vitales sous le tapis.

Et quelle était l'excuse pour cette guerre fratricide entre les États ? Ostensiblement, la guerre a été menée pour émanciper les Noirs, mais la grande majorité d'entre nous sait maintenant qu'elle avait d'autres raisons.

Il est intéressant de noter que les familles esclavagistes du Nord ont fait fortune grâce à ce qu'elles condamnaient. Elles ont combiné le commerce des esclaves avec le trafic d'opium vers la Chine, et c'est ainsi que les nobles au sang bleu d'Oxford, les diplômés de Harvard et les familles "nobles" de Boston et de ses environs ont amassé leur fortune, et c'est dans ce commerce de la drogue que leurs descendants sont encore impliqués aujourd'hui. Cependant, je dois laisser de côté l'esclavage, le commerce de l'opium, les "Olympiens" et la "classe dirigeante" imbibée de drogue pour en venir au sujet principal.

Permettez-moi de répéter en passant que chacune des familles qui se considèrent comme l'élite des "familles royales" d'Amérique a gagné son argent grâce au commerce de l'opium et des esclaves. Dites cela à l'auteur de *America's Sixty Families* et voyez-le se mettre à l'abri ! M. Lundberg, bien sûr, ne songerait jamais à exposer ses célèbres clients. Je veux maintenant passer aux événements ultérieurs qui ont suivi la guerre civile, laquelle a été instiguée et dirigée par une conspiration franc-maçonne du début à la fin, par le biais de personnes telles que Caleb Cushing et Lloyd Garrison.

Il ne fait aucun doute que les instigateurs de la conspiration visant à détruire l'Amérique, qui a culminé dans la Guerre entre les États, étaient tous des francs-maçons de rite écossais des deux côtés du conflit. Il convient de mentionner au passage que l'assassinat du président Lincoln était également un complot jésuite-franc-maçon.

Ces francs-maçons alliés aux familles de la noblesse noire vénitienne, les Contarini et les Pallavicini, et le réseau d'espionnage jésuite n'auraient pas pu assassiner Lincoln sans la connivence des familles de l'Establishment oriental et de la famille Cecil en Angleterre. Ainsi, la secte rosicrucienne jésuite de Robert Fludd a triomphé du peuple américain, de sa Constitution et de sa République, et s'est délectée de l'assassinat du président comme l'un de ses "trophées".

Quel était donc le motif de la conspiration franc-maçonne visant à détruire les États-Unis et à établir un gouvernement mondial unique ? Le motif était la haine, une haine profonde et fanatique de l'idéal de la république, l'idée que les hommes pouvaient être libérés du servage et du pouvoir féodal exercé par les vieilles familles vénitiennes, génoises et britanniques.

L'idée même que, sous une forme républicaine de gouvernement, les hommes sont libres de contester toute décision avec laquelle ils ne sont pas d'accord en exerçant leur droit de vote, était totalement répugnante pour ces dirigeants autoproclamés. Ils estimaient, comme ils le font toujours, que le seul droit de décider du sort de l'homme du peuple leur appartient. C'est pourquoi la religion chrétienne, qui met l'accent sur la liberté individuelle, est la cible de leur haine et pourquoi tant de ces vieilles familles aimaient le commerce des esclaves et de l'opium comme elles aiment le commerce de la drogue aujourd'hui. L'homme n'était et n'est rien d'autre pour eux qu'un esclave simplement bon à être exploité. Comme le Prince Metternich l'a dit un jour : "Pour moi, l'humanité commence avec les barons." Incidemment, Metternich était le héros et le modèle d'Henry Kissinger. Ces vieilles familles ont pu agir ainsi parce qu'elles ne croient pas en un

Dieu réel et vivant ! Il est vrai que, de temps à autre, elles se réfèrent à Dieu et au christianisme pour la forme, comme c'est le cas de la famille royale britannique. Mais elles ne croient pas que Dieu existe !

Plus encore, cette force imbriquée des familles de l'Establishment oriental, les familles bancaires jésuites-écossaises rosicruciennes de Venise, Londres, Gênes, Boston, Genève, Lausanne, Berne, etc. haïssent avec une obsession presque violente, une société mercantile basée sur la croissance industrielle et la technologie, reposant sur le capitalisme industriel.

La force motivante, la raison d'être d'une conspiration pour un monde unifié telle que nous la voyons dans ses éléments visibles, à travers le Club de Rome, la Société du Mont-Pèlerin, la Fondation Cini, les Bilderbergers, et la Commission trilatérale, la Royal Society for International Affairs, le Council on Foreign Relations et les Aquariens, est la destruction de la religion chrétienne d'abord, suivie par les autres religions (en particulier la religion musulmane) et la fin de la croissance industrielle, la destruction de la technologie et un retour au féodalisme et au nouvel âge des ténèbres, le tout accompagné d'une énorme réduction de la population que leurs plans exigent, car les millions de "mangeurs inutiles" ne seront plus nécessaires dans une société post-industrielle.

Mes nombreuses "premières" comprennent des travaux sur la conférence interreligieuse de Bellagio, le rapport Global 2000, une exposition de l'existence de la loge franc-maçonne la plus secrète, la loge Quator Coronati, et le Club de Rome, la croissance zéro et une société post-industrielle ; le complot visant à lancer une guerre sainte à Jérusalem, en commençant par une attaque contre la mosquée du Dôme du Rocher.

Parmi les autres révélations, citons *Qui a assassiné le président John F. Kennedy, La conspiration maçonnique P2, Qui a tué le pape Jean-Paul I*, le meurtre de Roberto Calvi et le rôle de Haig dans l'invasion israélienne du Liban. Aujourd'hui, la conspiration des francs-maçons en tant que serviteurs de la noblesse noire et de son "aristocratie" américaine est bien avancée. Comme je l'avais prédit il y a 20 ans, l'industrie sidérurgique, la construction navale, les machines-outils et les industries de la chaussure ont toutes été détruites ; la même chose se produit en Europe.

Quant au rapport Global 2000, en refusant la nourriture aux nations affamées d'Afrique, des millions de Noirs africains sont morts. Des milliers de personnes sont également mortes du virus HIV-SIDA. Des guerres limitées déclarées souhaitables et nécessaires par l'archi-sataniste, le franc-maçon Bertrand Russell et le "Dr. Strangelove" Leo Szilard, et son culte d'adoration du diable Shakti Ishtar sont en cours en Iran, en Amérique centrale, en Afrique du Sud, au Moyen-Orient et aux Philippines, etc.

Ma réponse est que la Bible chrétienne dit : "Dieu regarda vers eux (les pré-Adamites) et vit qu'ils n'avaient pas prospéré." Dieu nous a envoyés pour aider ces gens à remplir leur fonction sur Terre, quelle qu'elle soit, et je n'ai aucune idée de ce qu'elle est, mais pas pour les assassiner. Szilard et son ami, Bertrand Russell, déploraient le fait que les guerres ne s'étaient pas débarrassées d'assez de gens, comme le décrit Russell dans son ouvrage de 1923, *Prospects of Industrial Civilization*, dont voici un extrait :

Le socialisme, en particulier le socialisme international,

n'est possible comme système stable que si la population est stationnaire ou presque. On peut faire face à une augmentation lente en améliorant les méthodes agricoles, mais une augmentation rapide doit à la fin réduire la population entière.

Les fausses notions de Russell sont basées sur les principes malthusiens sataniques, qui à leur tour sont basés sur une haine des états nations, du républicanisme et d'un état capitalisé industriel fonctionnant sur une base mercantile traditionnelle. En 1951, Russell a écrit *The Impact of Science upon Society*, et voici quelques-unes des idées les plus importantes que cet ouvrage épouse :

> La guerre a jusqu'à présent été décevante à cet égard (c'est-à-dire la réduction de la population), mais la guerre bactériologique pourrait peut-être se révéler plus efficace. Si une peste noire (la peste du Moyen Âge et du VIH) pouvait se répandre dans le monde une fois par génération, les survivants pourraient procréer librement, sans rendre le monde trop plein. L'état des choses est peut-être désagréable, mais qu'en est-il ? Les personnes de très haut niveau sont indifférentes au bonheur, surtout au bonheur des autres.

Se décrivant comme un artisan de la paix, Russell était un faux prophète de la maçonnerie et le chef de la CND, la campagne pour le désarmement nucléaire.

Il était la voix du prophète de l'Establishment oriental jésuite, franc-maçon, rosicrucien, et membre de la noblesse noire américaine. Ces dirigeants autoproclamés du monde deviennent si arrogants que parfois, ils ne peuvent plus se taire. Il suffit de noter la référence à la peste noire qui a balayé le monde au Moyen Âge.

La peste n'était pas un "acte de Dieu" puisque, bien sûr, Dieu n'est pas un meurtrier, bien que nous le blâmions souvent pour la mort des gens, mais à mon avis, basé sur 30 ans de recherche, c'était un acte délibéré par les antécédents des "Olympiens" d'aujourd'hui, le "Club des 300". Ce n'est pas une théorie farfelue.

Certes, je ne l'ai pas encore prouvé, mais il y a trop d'indices et de pailles dans le vent pour l'ignorer. De même que le Dr Leo Szilard est dépeint dans le film *Dr Strangelove* comme une fiction, les virus mortels actuellement détenus par les conspirateurs et dépeints dans le film *La souche d'Andromède* étaient également dépeints comme une fiction dans ce film. Mais il ne s'agit pas de fiction. Ne négligez pas le fait que les alchimistes et la noblesse noire ont mené des expériences médicales depuis le 14ème siècle.

Les virus mortels contre lesquels le médicament miracle qu'est la myosine est totalement inefficace sont actuellement stockés au CDC sous la plus haute sécurité. Contrairement à la version officielle, tous ces virus n'ont pas été incinérés.

Cela devrait vous convaincre que mes prédictions ne sont pas de simples paroles en l'air. Nous verrons beaucoup plus de "pestes noires" au 21ème siècle — des pestes nouvelles et étranges que nous ne savons pas comment appeler, ainsi que de nouvelles souches plus mortelles de choléra, de malaria et de tuberculose. Que personne ne dise que nous n'avons pas été prévenus des pandémies qui s'abattront sur la Terre et emporteront des millions de personnes. Après tout, les objectifs des "300" ont été clairement énoncés. Il suffit de se rappeler les paroles d'Aurelio Peccei, fondateur du Club de Rome qui, en 1969, déclarait :

"... l'homme est un cancer pour le monde".

CHAPITRE 19

LA FRANC-MAÇONNERIE EST-ELLE COMPATIBLE AVEC LE CHRISTIANISME ?

P endant des siècles, la franc-maçonnerie s'est efforcée de faire passer le mouvement comme totalement compatible avec le christianisme. "Rien n'empêche un maçon d'être chrétien" est l'une des plus anciennes affirmations de la franc-maçonnerie. Dans ce livre, je vais tenter d'établir des comparaisons entre ce que j'appelle le christianisme du Nouveau Testament et son ennemi le plus redoutable, la franc-maçonnerie. Les preuves que j'ai pu rassembler proviennent principalement de parents de maçons et d'ex-maçons, qui m'ont parlé à condition de ne pas être identifiés. Ceux qui brisent le serment du secret maçonnique savent que la sanction suprême pour une telle transgression est, le plus souvent, la mort.

Des milliers de livres ont été écrits pour et contre la maçonnerie. L'Église catholique s'est montrée ferme et résolue dans son opposition à la maçonnerie. Les églises protestantes n'ont malheureusement pas été aussi unies contre ce dangereux ennemi qu'elles auraient dû l'être. Je traiterai ici d'enquêtes plus récentes sur la Maçonnerie. En 1952, je suis tombé sur un ouvrage très intéressant intitulé *Darkness Visible*, de Walton Hannah.

Ce livre est d'une valeur inestimable pour toute personne

cherchant à percer le voile du secret qui a protégé la maçonnerie pendant tant de siècles. Le même auteur, Walton Hannah, a publié plus tard un article intitulé "Should a Christian be a Freemason?" Un franc-maçon à l'intérieur du christianisme, le Révérend R.C. Meredith, a accepté ce défi aux secrets de la maçonnerie. Très audacieusement, le Révérend Meredith a mis l'église au défi de prouver qu'un franc-maçon pouvait aussi être un chrétien.

Meredith, qui a étudié à Oxford, évoluait dans les cercles gauchistes et participait à divers débats pro-gauche, très populaires dans les années 1930. C'était la période de l'histoire britannique où il était chic d'être socialiste, où le socialisme fabien était en plein essor, où il était à la mode de travailler pour l'Union soviétique, la même période qui nous a donné Bulwer, Lytton, Alfred Milner et Kim Philby. Le groupe Milner s'est finalement transformé en ce qu'on appelle aujourd'hui le Royal Institute for International Affairs (RIIA).

Le Révérend Meredith a audacieusement proposé qu'une enquête de l'Église anglicane soit lancée sur la maçonnerie. Sa proposition à l'Assemblée de l'Église de 1951 se lisait comme suit :

> En raison de la large publicité qui a été donnée à l'article de Walton Hannah, il est nécessaire qu'une Commission soit nommée, comprenant parmi ses membres des personnes compétentes dans la science des religions comparées, pour examiner les déclarations faites par M. Hannah dans cet article, l'attention de la Chambre des évêques devrait être dirigée vers tout ce qui y est exposé.

Il est très intéressant de noter que Meredith se réfère à la maçonnerie, même de manière indirecte, comme à une religion. Meredith était tellement sûr que sa résolution serait adoptée, et que la Maçonnerie serait blanchie par les centaines de francs-maçons de la hiérarchie anglicane qui occupent des postes puissants au sein de l'Église, qu'il n'a même pas pris la peine d'imposer des contraintes à l'enquête proposée. C'était très inhabituel. Lorsque les francs-maçons autorisent l'Église à mener une enquête sur leur société secrète, c'est généralement en imposant les restrictions les plus sévères, de sorte que l'issue de l'enquête est courue d'avance : la maçonnerie et l'Église chrétienne sont effectivement compatibles. Depuis la publication de l'ouvrage de Walton Hannah en 1952, les différents synodes généraux de l'Église anglicane ont été le théâtre d'une préoccupation croissante concernant la véritable nature des serments maçonniques, la nécessité du secret, qui fait partie intégrante de la maçonnerie, le véritable rôle de la maçonnerie et la portée de ses activités générales et secrètes. Ceux qui cherchent à faire sauter le verrou de silence imposé par la maçonnerie et à révéler ses sombres secrets citent souvent le général Ludendorf. Plus récemment, la Maçonnerie a été décrite comme une "sorte de mafia" ou "le seul moyen de faire des progrès rapides pour quiconque dans le commerce ou le gouvernement".

Lorsque de réels progrès étaient réalisés dans cette direction, c'est-à-dire lorsque les enquêtes de l'Église semblaient aboutir, les chacals de la presse criaient à la "chasse aux sorcières". Parler de la Maçonnerie sous son vrai jour, arracher le masque du visage bénin de la Maçonnerie devenait une entreprise risquée. La maçonnerie a toujours répondu aux allégations d'abus et qui lui étaient faites en prenant pour excuse le fait qu'ils n'étaient "qu'un exemple de mauvais cas parmi des millions d'autres exemples du bien qu'elle faisait".

Les aspects mafieux et sinistres de la maçonnerie n'ont jamais été discutés ouvertement, ce qui explique pourquoi la maçonnerie a été si audacieuse au sujet de la résolution de Meredith ; elle savait qu'elle passerait — et elle l'a fait. Le livre de Stephen Knight, *The Brotherhood; the Secret World of Masonry*, publié en 1984, s'est immédiatement heurté à ce genre de réaction. Des critiques, des personnalités littéraires et religieuses ont qualifié cet excellent ouvrage de "mal documenté, rempli de données non confirmées".

Tenter de décrire la maçonnerie est une tâche fastidieuse. On peut dire qu'il s'agit du plus grand ordre fraternel du monde, avec officieusement près de 3,5 millions de membres rien qu'aux États-Unis. Plus de 50 000 livres et ouvrages plus courts ont été écrits sur le sujet depuis 1717, date à laquelle la maçonnerie s'est publiquement révélée pour la première fois.

Elle a suscité plus de haine que tout autre organisme séculier dans le monde. Les hommes de confession mormone et catholique ne peuvent y adhérer. Elle est interdite dans quelques pays. La maçonnerie a été déclarée illégale par Hitler et Mussolini et, plus tard, par le général Franco. La hiérarchie métropolitaine de Londres est essentiellement maçonnique.

Parmi les francs-maçons, les rois et les potentats sont nombreux : Édouard VII, Édouard VIII, Frédéric le Grand, le roi Haakon de Norvège et le roi Stanislas de Pologne ne sont que quelques exemples qui me viennent à l'esprit.

Les présidents des États-Unis qui ont prêté le serment maçonnique étaient : James Monroe, Andrew Jackson,

James K. Polk, James Buchanan, Andrew Johnson, James A. Garfield, Theodore Roosevelt, William Howard Taft, Warren C. Harding, Franklin D. Roosevelt, Harry S. Truman, Lyndon Johnson, Gerald Ford et Ronald Reagan.

Les francs-maçons dans le domaine de la musique comprenaient le compositeur de "Saint-Louis Blues" William Handy, John Philip Sousa, Gilbert et Sullivan, Sibelius et Wolfgang Amadeus Mozart, qui a été assassiné pour avoir révélé des secrets maçons dans "La Flûte enchantée".

Pas un seul des critiques du livre de Knight n'a fait remarquer que la Maçonnerie ne confirme jamais les données concernant son côté le plus sombre, ses actes malveillants, et son effet sur le cours de l'histoire. Mazzini, parfois, semblait confirmer certains des maux et des méfaits de la Maçonnerie dans la géopolitique internationale, mais seulement dans le contexte historique, des données déjà connues ; faisant toujours allusion à l'influence de la Maçonnerie sur ces événements, mais ne confirmant jamais son rôle d'une manière rigoureusement scientifique.

Afin de discréditer l'affirmation de Knight selon laquelle elle aurait exercé une influence indue dans les hautes sphères du gouvernement et de la police métropolitaine, en particulier au sein du Criminal Investigate Department (CID), et son affirmation selon laquelle plus de 90% de ses inspecteurs seraient des francs-maçons, l'un des plus hauts responsables du Rite écossais, Lord Hailsham, a été choisi par le Grand Conseil d'Angleterre pour réfuter les accusations totalement correctes de Knight. Le Lord Chancelier d'Angleterre, usant du pouvoir et de la majesté de sa fonction, a écrit une lettre au journal *London Times*, ridiculisant et rabaissant l'exposé de Knight. Le bureau de patronage de Hailsham était surchargé de "maçons favorisés". Parce qu'une personne aussi auguste qu'Hailsham avait écrit à la vénérable institution qu'est le *Times*, le public acceptait que les dénégations d'Hailsham au nom de la maçonnerie étaient justes et que Knight avait tort. Les accusations bien fondées de Knight ont été efficacement réfutées. C'est par ce moyen pas si subtil que la Maçonnerie protège les siens. Dire que Knight n'a pas présenté de données confirmées et qu'il peut donc être ignoré est la preuve de la puissance et de l'omniprésence de la franc-maçonnerie. Cela s'applique aussi bien aux États-Unis d'Amérique qu'à l'Italie, la France et l'Allemagne.

Proposant le cas de Roger Hollis comme preuve de l'inexactitude de Knight, la franc-maçonnerie cite Hollis, chef du MI5 pendant la Seconde Guerre mondiale, comme étant un franc-maçon. Hollis était en effet un franc-maçon, qui a donné des secrets militaires vitaux à l'Union soviétique. Il a fait l'objet d'une tentative élaborée de la franc-maçonnerie pour étouffer la publication du travail d'un autre bon auteur, Peter Wright, dont le livre a exposé la duplicité de Roger Hollis.

Hollis était un homme qui a livré des secrets militaires américains et britanniques aux Soviétiques, et il a été franc-maçon pendant la majeure partie de sa vie. Je ne peux évoquer que brièvement cet homme et sa trahison des États-Unis et de la Grande-Bretagne envers l'Union soviétique.

Comme Wright ne pouvait pas être discrédité par des lettres au *Times*, l'équipe de "James Bond" du SIS a tenté de le faire taire — définitivement. Wright s'est enfui en Australie où des personnes haut placées l'ont protégé. Wright a fait tout ce qu'il a pu pour que son exposé sur Roger Hollis soit publié en Australie, mais le bras long de la franc-maçonnerie écossaise est venu de Grande-Bretagne et, par un raisonnement des plus douteux et alambiqué, le procureur général de Grande-Bretagne s'est rendu en Australie pour plaider devant les tribunaux australiens contre la publication du livre. Bien que la franc-maçonnerie le nie et cite le manque de preuves documentaires à l'appui de ses dénégations, ma source la plus fiable dans les services secrets britanniques m'a dit que la maçonnerie en Grande-Bretagne et en Australie a fait équipe dans un effort commun pour arrêter Wright. Le livre devait être imprimé au Canada, et quelques mois plus tard, en Australie. Cette fois, les francs-maçons n'ont pas réussi à empêcher la vérité de sortir.

Pendant ce temps, à Londres, trois journaux défiaient la censure britannique et commencent à publier des extraits du livre de Wright. La censure de la presse en Grande-Bretagne est mise en œuvre de manière très efficace par le biais de ce que l'on appelle les "D Notices". Si le ministre de l'Intérieur estime qu'un livre, une histoire ou un article est préjudiciable à l'État ou n'est pas dans l'intérêt du pays, les éditeurs, les rédacteurs de magazines, les journaux, etc. reçoivent un "avis D" les empêchant de publier l'histoire en question. Si l'"avis D" n'est pas respecté, le procureur général a le droit de poursuivre les contrevenants et les tribunaux leur imposent généralement des peines sévères.

Tel est le droit à la "liberté d'expression" et à la "liberté de la presse" protégé en Grande-Bretagne. Trois journaux londoniens ont été mis en examen pour avoir désobéi à l'"avis D" qu'ils avaient reçu et qui leur interdisait de publier l'œuvre de Wright. Le procureur général a décrit leur comportement dans l'exercice de leur droit à la "liberté de la presse" comme une violation délibérée et flagrante de la loi. Tous ceux qui se sont opposés à Wright étaient des francs-maçons du plus haut degré qui se sont efforcés de protéger un maçon décédé du 33ème degré contre une exposition totale. "Mal documenté, manquant de données confirmées ?" C'est possible, mais les événements actuels, qui deviennent ensuite l'histoire, peuvent rarement, voire jamais, être "confirmés".

Nous connaissons tous la vérité sur l'assassinat de John F. Kennedy, et sur la conduite de son frère Edward à Chappaquiddick. Mais les "données confirmées" ? Elles sont enfermées dans des dossiers juridiques et des archives judiciaires pour les 99 prochaines années ! C'est ainsi que l'Establishment fonctionne ! Les Maçons ne sont pas différents. Ils protègent les leurs !

Prenez le cas du commissaire de la police de la ville de Londres, James Page. Les maçons affirment que ses promotions rapides ne peuvent pas être dues à un parrainage maçon, car, disent-ils, il n'a rejoint la confrérie secrète qu'après être devenu commissaire. Naturellement, les secrets des loges restent des secrets de loges. Qui peut affirmer que Page a rejoint les francs-maçons alors qu'il n'était encore qu'un jeune officier de police ? Seuls les anciens francs-maçons "discrédités", qui sont bien sûr considérés comme des menteurs ou pire encore ! Il semble que Page, si l'on se fie aux précédents, ait été membre de la Loge bien avant de devenir commissaire de police.

Il y a ensuite le cas des agents permanents du gouvernement dans le cœur financier du monde, la City de Londres. Knight et d'autres, dont moi-même, sont bien conscients du fait que ses membres les plus influents sont des francs-maçons de premier plan. Pourtant, lorsque Knight a osé nommer ces hommes, il a été officiellement démenti, non pas qu'ils n'étaient pas maçons, mais qu'ils n'avaient pas assisté aux réunions de la loge Guildhall aux dates mentionnées par Knight.

En raison de leur rang élevé, les Maçons ont été crus plutôt que Knight, qui a ensuite été accusé de "grossières inexactitudes". J'ai fait une digression sur le sujet de la fourniture de "preuves documentaires et de "données confirmées" face à des Maçons en position de grand pouvoir et d'influence, qui serrent les rangs lorsqu'ils sont attaqués. Des "inexactitudes factuelles", voilà comment les membres de la loge Guildhall ont réagi à l'exposé de M. Knight sur la façon dont la Fraternité des Maçons contrôle la ville de Londres — et Westminster, d'ailleurs.

Knight fournit une explication convaincante de la manière dont les registres des Maçons des Loges anglaises du monde entier sont "scellés" contre les enquêteurs. Dans le cas de Roger Hollis, les registres des Maçons d'Extrême-Orient ont été fermés à la fois à Knight et à Wright et il a suffi que la Maçonnerie nie que Hollis ait jamais été un Maçon pour que les deux auteurs soient discrédités pour "manque de données confirmées". Après tout, le public a tendance à croire Édouard le duc de Kent plutôt que des auteurs relativement inconnus. Si la maçonnerie a pu déposer Édouard VII et mettre sa chute sur le dos de Mme Wallis Simpson, il était relativement facile de qualifier les œuvres de deux excellents auteurs de "factuellement inexactes et manquant de données confirmées".

Un autre très bon exposé de la franc-maçonnerie est l'exposé écrit et publié par Walton Hannah intitulé *Darkness Visible*, qui a fait l'objet d'attaques très sévères non seulement de la part des principaux membres de la franc-maçonnerie sous la hiérarchie de l'Église anglicane, mais aussi de la part de soi-disant critiques littéraires et d'"experts" autoproclamés, là pour défendre la franc-maçonnerie. Toute enquête sur la provenance des textes d'initiation et des rituels utilisés par la franc-maçonnerie serait à elle seule le travail de toute une vie et serait probablement, même alors, qualifiée de "manque de données confirmées" par une Fraternité de la franc-maçonnerie unie et soudée contre toute divulgation pouvant nuire à son image.

Mon étude approfondie de la Maçonnerie au cours des trente dernières années m'a appris beaucoup de choses sur la "Fraternité", plus particulièrement que pour documenter complètement même les serments d'initiation, les textes et les rituels d'initiation, il faudrait les efforts combinés de plusieurs experts véritablement accrédités en religions comparées. Ainsi, par la nature même d'une entreprise aussi vaste, la Maçonnerie a toujours pu continuer à se draper d'un secret difficile à percer.

Il est extrêmement difficile de monter un dossier contre la sinistre confrérie. Beaucoup ont essayé avec plus ou moins de succès, mais en général, il est vrai de dire que malgré les dizaines de livres remarquables, qui ont exposé la maçonnerie pour ce qu'elle est, la maçonnerie est sortie relativement indemne.

Si l'on effectuait un sondage d'opinion, et non pas ces sondages motivés par la politique et fabriqués par des professionnels, qui permettent d'élire des politiciens, j'ai des raisons de croire que 70% du grand public dirait que la franc-maçonnerie est une société bienveillante qui fait beaucoup de bien à la communauté !

Lors d'un débat de l'Assemblée de l'Église anglicane en 1951, il est apparu clairement que le travail "bienveillant" et "charitable" effectué par la franc-maçonnerie restait au premier plan des impressions des gens sur la maçonnerie. Il existe un certain nombre d'ouvrages qui soulignent que les "œuvres de bienfaisance", telles que les collectes dans les rues au profit de diverses organisations caritatives, ne sont en réalité pas du tout des œuvres de bienfaisance, puisque c'est le public et non la franc-maçonnerie qui donne l'argent. Si les loges maçonniques versaient publiquement et régulièrement de grosses sommes d'argent à des institutions caritatives, leur visage bienveillant pourrait ne pas être le masque qu'il est en réalité. Il est vrai que la plupart des membres informés du public ne se posent jamais la question "pourquoi permettons-nous à une société aussi secrète d'opérer parmi nous et que se passe-t-il derrière ses portes fermées ?".

Il ne peut en être autrement, car comment la dame dont le mari se rend aux réunions de la Loge pourrait-elle savoir quoi que ce soit des lois strictes sur le secret de la Maçonnerie, des degrés de l'Artisanat et de l'Arc Royal, sans parler de la politique de l'omerta. Si elle avait l'esprit curieux et posait des questions approfondies, son mari ne lui parlerait que des sompteux banquets et des activités de collecte de fonds pour des œuvres de charité, mais en plus, elle n'apprendrait rien. Il n'est pas étonnant que la perception du public soit très éloignée de la vérité sur ce qu'est réellement la franc-maçonnerie !

CHAPITRE 20

QUAND, OÙ ET COMMENT LA FRANC-MAÇONNERIE EST-ELLE NÉE ?

L a littérature sur la franc-maçonnerie remplit les étagères de la plupart des bibliothèques publiques, sauf que les ouvrages d'auteurs qui se sont rapprochés de la vérité de façon inconfortable ne sont pas disponibles. Si l'on se renseigne auprès du bibliothécaire, les réponses varient de "nous ne l'avons jamais eu" à "il a été retiré il y a quelque temps".

Il existe de nombreux livres qui prétendent prouver qu'il n'y a aucun lien entre la Maçonnerie "moderne", le Roi Salomon et les Druides. Ces "livres techniques spécialisés sur la maçonnerie", comme me les a décrits un bibliothécaire, jettent toujours un froid sur le lien entre la maçonnerie et l'ancien culte égyptien d'Isis, Dionysos et ainsi de suite.

Même Walton Hannah fait preuve de réticence en tant que scientifique à s'engager pleinement. Dans son ouvrage, *Christians by Degrees*, Hannah déclare :

> Si, comme ils le font, les maçons modernes prétendent être les intendants et les gardiens des anciens mystères dont ils sont les héritiers légitimes, tout ce qu'on peut leur concéder est qu'il y a effectivement des parallèles et des

ressemblances frappantes, même dans les signes et les symboles réels ; le symbolisme est cependant très difficile à préciser et à dogmatiser, il n'est guère remarquable que la franc-maçonnerie et les mystères maçonniques d'aujourd'hui présentent de grandes similitudes avec les anciens mystères et religions qui ont de nombreux points communs avec les mystères maçonniques.

Les bibliothèques sont remplies de livres qui cherchent à nier le lien entre les Maçons et les Rosicruciens alors que l'étudiant sérieux de la Maçonnerie sait que le lien est très fort. Sir Roger Besomt était un Maçon de haut degré du Rite Égyptien et c'est un fait bien établi qu'il était certainement profondément impliqué dans la Théosophie et la Rose-Croix. Prenons l'exemple de la famille royale britannique. Beaucoup de ses membres, y compris le Prince Charles et le Duc de Kent, sont impliqués dans la Rose-Croix. Personne ne nie que tous deux sont des Maçons. La franc-maçonnerie n'a jamais donné de réponse appropriée aux trois questions suivantes : où, pourquoi, quand et où la franc-maçonnerie a-t-elle vu le jour ? Les maçons ont toujours nié catégoriquement qu'ils avaient été créés pour contrer le christianisme et qu'il ne s'agissait pas d'une religion, mais leurs dénégations s'épuisent comme nous allons commencer à le voir.

John Hamill, maître apologiste de la maçonnerie, bibliothécaire et conservateur de la bibliothèque et du musée de la Grande Loge, déclare :

Les loges modernes ressemblent beaucoup à celles qui existaient au 17ème siècle.

Son idée de l'histoire maçonnique est la suivante :

La Grande Loge d'Angleterre a été formée le 24 juin 1717, et une Grande Loge rivale des Anciens a été officiellement constituée en 1751 ; et que ces deux Grandes Loges rivales se sont réunies le 27 décembre 1713, pour former la Grande Loge Unie d'Angleterre, telle que nous la connaissons aujourd'hui.

Mais Hamill ne nous dit pas pourquoi une société secrète est nécessaire.

❖ Qu'est-ce que la franc-maçonnerie ?
❖ Pourquoi les hommes cherchent-ils à la rejoindre ?
❖ Quelle est la véritable nature de l'organisation dont ils doivent accepter les obligations s'ils y adhèrent ?

Malgré les milliers de livres qui nous expliquent ce qu'est la franc-maçonnerie, il y a encore beaucoup de choses à son sujet que nous ne connaissons pas complètement. Au début des années 1850, la Grande Loge d'Angleterre a publié un pamphlet intitulé "What every candidate should know" (Ce que tout candidat doit savoir), qui dit entre autres :

La franc-maçonnerie est une société d'hommes historiquement liés aux maçons opératifs médiévaux, dont ils tirent leurs moyens de reconnaissance privés, leur cérémonial et nombre de leurs coutumes. Ses membres adhèrent aux anciens principes de l'amour fraternel (une idée marxiste — JC), du salut et de la vérité, non seulement entre eux mais aussi dans leurs relations avec le monde en général et par des préceptes rituels et des exemples.

Si cela explique quelque chose de manière vraiment significative, j'avoue que sa véritable signification m'échappe. Le bibliothécaire Hamill tente cependant de donner une "explication" plus détaillée en disant :

Le candidat à l'initiation apprend très tôt dans sa carrière maçonnique que les principes fondamentaux de la franc-maçonnerie sont l'amour fraternel, l'entraide et la vérité.

Il tente ensuite d'assimiler le marxisme à l'amour fraternel en déclarant :

L'amour fraternel dans son sens de promotion de la tolérance et du respect des croyances et des idéaux des autres, et de construction d'un monde qui respecte la tolérance en même temps que la gentillesse et la compréhension. L'entraide, non pas dans le sens d'un don d'argent uniquement ou limité à celui-ci, mais dans le sens le plus large du terme, le don charitable d'argent (mais jamais le leur — JC) de temps et d'efforts pour aider la communauté dans son ensemble. La vérité dans le sens de la recherche de normes morales élevées et de la conduite de sa vie — dans tous ses aspects — d'une manière aussi honnête que possible. En termes simples, on enseigne à un franc-maçon ses devoirs envers son Dieu (lequel Dieu n'est pas précisé — JC) et les lois de son pays.

Une explication aussi absurde de ce qu'est la maçonnerie est malheureusement ce que croit la majorité du grand public. Lorsque l'on pointe du doigt les exceptions les plus notables à ce corps d'hommes prétendument nobles, telles que la moralité de certains de ses adhérents les plus élevés, ses contributions monétaires charitables qui ne proviennent pas de la maçonnerie mais de dons publics, son mépris de la loi du pays, c'est-à-dire les révolutions française et bolchevique, on se heurte à des démentis catégoriques ou, comme dans le cas de Roberto Calvi, au fait qu'il s'agit d'une "exception notable" susceptible de se produire une fois par siècle ! Tous les porte-parole des francs-maçons nient que la société secrète soit une religion. En 1985, le Board of the General Purposes de la Grande Loge Unie a publié un pamphlet intitulé *Freemasonry and Religion.*

Entre autres dénégations, la Commission déclare ce qui suit :

> La franc-maçonnerie n'est pas une religion ni un substitut à la religion. La franc-maçonnerie ne possède pas les éléments de base d'une religion, mais elle est loin d'être indifférente à la religion.
>
> Sans interférer dans la pratique religieuse, elle attend de chaque membre qu'il suive sa propre foi et qu'il place au-dessus de tous les autres devoirs celui envers son Dieu, quel que soit le nom qu'il porte. La franc-maçonnerie est donc un soutien de la religion.

Un groupe de travail de la Grande Loge a déclaré plus loin :

> La franc-maçonnerie sait que ses rituels n'équivalent pas à la pratique d'une religion.

Il est difficile d'imaginer un mensonge plus audacieux et plus éhonté. La maçonnerie n'est pas seulement une religion, c'est aussi et surtout une religion anti-chrétienne qui vise à détruire le christianisme.

❖ Comment la maçonnerie peut-elle justifier sa prétention à être une non-religion alors que ses rituels sont centrés et basés sur des autels, des temples et des aumôniers ?

❖ Pourquoi des prières sont-elles récitées, comme la prière explicitement indiquée comme telle dans la littérature maçonnique, dans le rituel d'émulation du premier degré ?

Examinons cette prière de "non-religion" :

Accorde Ton aide. Père Tout-Puissant et Gouverneur Suprême de l'Univers, à notre convention actuelle et accorde que ce candidat à la franc-maçonnerie puisse consacrer et dédier sa vie à Ton service de façon à devenir un vrai et fidèle frère parmi nous. Accorde-lui la compétence de Ta sagesse divine, afin que, aidé par les secrets (c'est nous qui soulignons) de notre art maçonnique, il soit mieux à même de déployer les beautés de la vraie bonté pour l'honneur et la gloire de Ton Saint Nom.

Si ce n'est pas de la religion, alors rien dans ce monde ne l'est ! La question à laquelle il faut répondre est "quel genre de religion est la maçonnerie ?".

Au Second Degré, il y a une vraie prière, qui est formulée comme ceci :

Nous implorons la continuation de Ton aide, Seigneur miséricordieux, en notre nom et en celui de celui qui s'agenouille devant Toi. Que l'œuvre commencée en Ton Nom soit poursuivie à Ta Gloire et toujours mieux établie en nous par l'obéissance à Tes préceptes.

Le fait que le Dieu que les Maçons prient est Satan est soigneusement caché à tous les Maçons, sauf à ceux qui atteignent le 33ème degré ! Le nom de Jésus est toujours très spécifiquement exclu. Comme le Christ notre Seigneur le dit dans ses évangiles :

Celui qui n'est pas pour moi est contre moi.

Il existe une autre prière au troisième degré qui invoque la bénédiction de Dieu et du Ciel sur le nouveau membre :

Dieu tout-puissant et éternel, architecte et maître de

l'univers, par la volonté créatrice duquel tout a été fait.

La maçonnerie est très prudente en ce que, tout en faisant un usage libéral des prières chrétiennes, qui sont facilement reconnues comme telles, elle évite scrupuleusement toute référence chrétienne. Par cette action singulière qui consiste à exclure le nom du Christ de ses "prières", la maçonnerie nie l'existence même et l'autorité de Jésus. Si, comme le prétendent les Maçons, ce n'est pas une religion, tant mieux ; mais pourquoi copier des prières chrétiennes et supprimer absolument le nom du Christ ? Une telle conduite n'indique-t-elle pas que la Maçonnerie est anti-Christ ?

Je crois fermement que la maçonnerie représente un comportement anti-Christ, et de plus, c'est la réponse à la question "pourquoi" la maçonnerie a été établie en premier lieu ! À l'appui de mon affirmation que la maçonnerie est une religion anti-Christ, j'offre la cérémonie d'ouverture de la prière de l'Arche Royale qui se déroule comme suit :

> Dieu tout-puissant à qui tous les cœurs sont ouverts, tous les désirs connus, et à qui aucun secret n'est caché, purifie les pensées de nos cœurs par l'inspiration de ton Esprit Saint, afin que nous puissions parfaitement t'aimer et te magnifier.

Tout membre de l'Église anglicane reconnaîtra instantanément cette prière entièrement chrétienne. La signification de cette "prière maçonnique" particulière est que les mots très importants "par Jésus-Christ notre Seigneur" sont supprimés.

Le Christ a dit que ceux qui le renient sont de l'anti-Christ. En supprimant le nom du Christ de cette prière, les Maçons démontrent leur mépris du Christ. Ils sont donc à compter dans les rangs des forces anti-Christ de Satan.

La cérémonie de clôture de l'Arche Royale fait également usage d'une prière chrétienne bien connue, à savoir "Gloire à Dieu au plus haut des cieux sur la terre, paix aux hommes de bonne volonté", mais omet de mentionner que ces mots sont tirés de l'Évangile de Notre Seigneur Jésus-Christ. Dans mon esprit et dans celui de nombreux étudiants sérieux de la franc-maçonnerie, les exemples précédents d'activités religieuses annulent l'affirmation de la maçonnerie selon laquelle elle n'est pas une religion, et prouvent au monde qu'elle en est une.

La Grande Loge a répondu à un défi de ma part en disant :

> ... La franc-maçonnerie n'étant ni une religion ni un substitut de celle-ci, il n'y a aucune raison pour que le nom du Christ soit mentionné dans ses rituels.

La réponse à ce démenti est sûrement de poser une autre question : "Si ce que vous dites est exact, à savoir que la maçonnerie n'est pas une religion, pourquoi alors avez-vous repris des prières de la Bible chrétienne, pourquoi faites-vous constamment référence à des temples et à des autels, et pourquoi, tout en utilisant des phrases de la Bible chrétienne, niez-vous l'existence même de Jésus-Christ en supprimant son nom de chacune des prières que vous avez copiées sur lui ?" Il ne fait jamais de doute que les "prières" maçonniques sont fréquemment basées sur les liturgies chrétiennes. Pourquoi alors la Maçonnerie nie-t-elle qu'elle est une religion, et pourquoi la Maçonnerie supprime-t-elle assidûment le nom du Christ de ses prières copiées sur les chrétiens ?

Les prières font partie intégrante des rituels maçons, alors comment la maçonnerie peut-elle nier qu'elle est une religion ? Les maçons affirment que leurs prières ne contiennent aucun élément de culte. Pourtant, le chef de cérémonie est appelé "Worshipful Master"[6] et je vous laisse le soin de décider si les prières maçonniques que je vous ai citées ne sont pas des actes de culte ? Personne, à l'exception peut-être d'Alice au pays des merveilles, ne peut croire que les prières maçonniques se distinguent du "culte". Ce qui soulève un autre point vital ?

Même si l'insistance des maçons sur de telles distinctions entre "prière", "culte", et "non-religion" pouvait être acceptée, ce qui ne peut manifestement pas être le cas, l'omission délibérée du nom du Christ et des Évangiles de Jésus-Christ d'où proviennent leurs "prières", ainsi que l'omission de la croyance chrétienne fondamentale selon laquelle personne ne peut venir à Dieu autrement que par notre Seigneur Jésus-Christ, est un affront à la religion chrétienne.

Ils nient la divinité du Christ. Cela ne fait aucun doute. Comment alors des hommes qui se prétendent chrétiens peuvent-ils aussi être francs-maçons ? Le Christ a dit qu'on "ne peut servir deux maîtres". En acceptant le rituel maçonnique, les maçons nient en fait aussi Son existence. Il s'ensuit que l'on ne peut être pour Lui, tout en étant contre Lui !

Il est absolument impossible que la franc-maçonnerie puisse nier qu'elle n'est "ni une religion ni un substitut de religion". Les preuves du contraire sont accablantes ! Les défenseurs de la franc-maçonnerie ne peuvent pas non plus

---

[6] Maître Vénérable, NDT.

apporter la preuve qu'en excluant le nom du Christ, ils ne le rejettent pas, car il ne s'agit pas simplement d'une exclusion délibérée, mais d'une insulte délibérée par omission. Les apologistes maçonniques nous disent que "nos prières ne sont pas des actes de culte mais simplement une demande de bénédiction à l'ouverture de nos rituels et un remerciement à la fin pour les bénédictions reçues". En quoi cela diffère-t-il du culte religieux ?

Le fait évident est qu'il n'en est rien ! Les rituels maçons invoquent sans cesse le nom de Dieu, souvent en des termes distinctifs, tels que Grand Architecte de l'Univers (comme dans le Premier Degré) ; Grand Géomètre (Second Degré) ; le Très-Haut, le Tout-Puissant et le Dieu Éternel (Troisième Degré) ; l'Être Suprême. GAOL) (Grand Architecte de l'Univers). Qui sont ces Dieux ?

La Maçonnerie vénère-t-elle un Être Suprême, ou comme elle le dit parfois, seulement une croyance en un Être Suprême ? Il n'y aurait pas de rituels maçonniques sans l'implication d'un nom divin. La brochure franc-maçonne à laquelle j'ai fait référence plus haut, *Freemasonry of Religion* publiée par le Masonic Board for General Purposes, passe sous silence le Dieu maçonnique en déclarant :

> Les francs-maçons se réunissent dans le respect commun de l'Être suprême, car il reste suprême pour leurs religions individuelles respectives et il n'appartient pas à la franc-maçonnerie d'unir les religions.

Puisque le monde occidental est chrétien, que cela plaise ou non à certains, la maçonnerie doit avoir de gros problèmes avec un service interconfessionnel neutre. En tant que chrétiens, nous ne pouvons échapper à l'essence même de notre religion, à savoir que le Christ est prééminent en tant que Fils de Dieu. La maçonnerie affirme qu'elle ne souhaite pas "offenser" les autres religions. Comment y parvient-elle si elle exclut le nom du Christ ? L'exclut-elle pour ne pas offenser la franc-maçonnerie exclusiviste juive du B'nai Brith (Fils de l'Alliance) ? La maçonnerie cherche depuis des centaines d'années à ne pas "offenser" les autres religions, mais n'hésite pas à offenser les chrétiens en excluant le nom du Christ de ses prières rituelles.

Les services "interconfessionnels" ne peuvent réussir que là où le christianisme passe au second plan. Il s'ensuit donc que les chrétiens ne peuvent pas être francs-maçons ; soit ils doivent approuver la dévalorisation du christianisme, soit ils doivent démissionner de la maçonnerie. Avant que les Maçons n'atteignent les hauteurs exaltées des degrés supérieurs, beaucoup croient qu'en priant, ils prient le Dieu de leur religion. Mais une fois qu'ils ont atteint le "magasin fermé" de la hiérarchie maçonnique, il ne fait aucun doute que leurs prières sont expressément adressées à Satan.

Le christianisme n'a pas de secrets ! Toute personne qui sait lire peut lire l'évangile joyeux de la bonne nouvelle de la venue du Messie. Pourquoi les maçons trouvent-ils que le secret est une telle nécessité ? Le credo maçonnique et les rituels qui l'accompagnent sont remplis de "mots de passe secrets".

Pourquoi cela devrait-il être le cas, à moins qu'il ne s'agisse d'une tromperie ? Nous entendons si souvent des "mots composés", "je suis et je serai".

La franc-maçonnerie dit qu'elle n'est pas obligée de soutenir le christianisme. Pourquoi alors la franc-maçonnerie emprunte-t-elle tant de signes distinctifs du christianisme, si elle ne le soutient pas ? Les cérémonies de l'Arche Sainte, peut-être plus que toute autre cérémonie, utilisent des "mots sacrés". La pièce maîtresse des cérémonies de l'Arche sainte est le piédestal — l'autel — au sommet duquel apparaissent les "paroles sacrées". Il est clair qu'en dépit de ses protestations contraires, la franc-maçonnerie est une religion lorsque la déclamation des paroles sacrées a lieu. Il est ici incontestable que la franc-maçonnerie est une religion en opposition au christianisme.

Examinons le Rituel de l'Arche Royale, qui est le point culminant de ce qu'on appelle la "maçonnerie artisanale".

> Il est intimement mêlé à tout ce qui nous est le plus proche et le plus cher dans un futur état d'existence ; les affaires divines et humaines sont entrelacées si terriblement et si minutieusement dans toutes ses disquisitions. Il a pour but la vertu, pour objet la gloire de Dieu, et le bien-être éternel de l'homme est considéré dans chaque partie, chaque point et chaque lettre de ses ineffables mystères. Il suffit de dire qu'elle est fondée sur le Nom Sacré, J----h, qui fut dès le début de l'histoire de l'humanité, est maintenant et restera un et le même pour toujours, l'Être existant nécessairement en et par lui-même dans toute sa perfection effective, originelle dans son essence.

Ce degré suprême inspire à ses membres les idées les plus élevées de Dieu, les conduits à la piété la plus pure et la plus dévote, à la vénération de l'incompréhensible J----h, le souverain éternel de l'univers, la source élémentaire et primordiale de tous ses principes, l'origine même et la source de toutes ses vertus.

Le mot "mystère" "J----h" est Jabulon, un nom "sacré".

C'est un mot composite interchangeable avec Jéhovah.

Il ne fait aucun doute que la franc-maçonnerie est une religion dont la fonction première est de constituer un contre-pouvoir secret à la religion chrétienne, un ordre révolutionnaire, capable de contrôler les événements politiques.

CHAPITRE 21

LA FRANC-MAÇONNERIE ET LES MEMBRES DE LA FAMILLE ROYALE BRITANNIQUE

En plus de ce qui précède, nous découvrons que la maçonnerie possède des degrés dits chrétiens, comme la Croix Rouge de Constantin, la Rose-Croix, qui est très importante dans les légendes maçonniques.

Pour obtenir le grade de Rose-Croix (dont la famille royale britannique est membre), il faut avoir été membre des dix-sept degrés du Rite Ancien Accepté de la Franc-maçonnerie. Le duc de Connaught et le duc de Kent sont censés être membres des deux ordres. Le duc de Connaught a été maître de la Grande Loge d'Angleterre pendant vingt ans. D'autres membres de la famille royale de cette Loge incluent Edward VII.

Selon une lettre écrite par le Grand Secrétaire le 5 août 1920, George Ier et George III, qui était roi au moment de la Révolution américaine, appartenaient tous deux à la Grande Loge d'Angleterre. Selon la lettre susmentionnée :

> … Toute personne qui entre dans la franc-maçonnerie est invitée, dès le départ, à ne pas approuver un acte qui pourrait avoir tendance à renverser la paix et le bon ordre de la société.

On s'en étonne quand on sait que le comte de Shelburne, membre de la Grande Loge, a formé Danton et Marat, avant de les lâcher en France pour y semer le chaos de la Révolution française. Le fait d'être membre de la Grande Loge n'a pas sauvé le roi Édouard VII, lorsque ses compagnons francs-maçons ont décidé de se débarrasser de lui plutôt que de courir le risque de ne pas entrer en guerre avec l'Allemagne en 1939. Là encore, nous notons la forte allusion à la religion. "Chaque loge anglaise, lors de sa consécration, est dédiée à Dieu et à son service ; personne ne peut devenir maçon avant d'avoir déclaré sa foi en l'Être suprême", écrit le secrétaire général en 1905. La maçonnerie passe à nouveau à l'offensive en 1938 en raison de l'inquiétude croissante que suscitent ses activités. Là encore, la foi en l'Être suprême est primordiale.

Le secrétaire général a précisé dans sa déclaration de 1938 :

La Bible est toujours ouverte dans les Loges. On l'appelle le Volume de la Loi Sacrée. Chaque candidat est tenu de forger son adhésion sur ce livre, ou sur le volume qui est considéré par sa croyance particulière comme conférant une sainteté à un serment ou une promesse faite sur ce livre.

Cela implique que la Bible n'est probablement pas le seul "volume sacré" exposé. La Bible a un but purement décoratif et est là pour les membres des degrés inférieurs (du premier au quatrième degré). Comme tous les étudiants sérieux en maçonnerie le savent, les sociétés secrètes sont devenues à la mode au 17ème siècle, de la même manière qu'il était chic d'être socialiste à la fin des années 1920 et au début des années 1930. Jusqu'en avril 1747, les maçons défilent encore dans les rues de la ville, mais sur ordre du Grand Maître, ils entrent ensuite dans la clandestinité. Dès

1698, un pamphlet intitulé "To All Godly People in City of London" (À tous les gens pieux de la ville de Londres) circule et exhorte les lecteurs à ne pas se laisser faire :

> ... de prendre garde que leurs cérémonies et leurs serments secrets ne s'emparent de vous, et de veiller à ce que personne ne vous détourne de la piété, car cette secte diabolique se réunit en secret. En effet, les hommes doivent se réunir dans des lieux secrets et avec des signes secrets, en prenant garde que personne ne les observe pour accomplir l'œuvre de Dieu.

À quels "secrets" la brochure faisait-elle référence ? Ce sont les mêmes à l'époque qu'aujourd'hui, des signes, des poignées de main et des mots utilisés pour prouver son appartenance. Ces signes secrets proviendraient des maçons médiévaux, qui avaient juré de ne jamais transmettre leur savoir-faire à des "étrangers" et qui étaient reconnus comme des collègues artisans par certaines poignées de main, etc. Rien n'a changé. Bien qu'il soit peu probable que des tailleurs de pierre fassent partie de la franc-maçonnerie aujourd'hui, leurs poignées de main restent le premier signe de reconnaissance. Mais la franc-maçonnerie d'aujourd'hui est plus que cela ; c'est une société secrète très sinistre dans laquelle les membres s'engagent à garder le secret par des serments mortels du type le plus effrayant.

Il est clair qu'aucune société chrétienne n'imposerait un code de silence en menaçant ses membres d'une mort horrible en cas de violation du code. La maçonnerie peut tromper les membres des degrés inférieurs en leur faisant croire qu'elle est basée sur le christianisme, mais en 1723, le Dr James Anderson, un ministre maçon presbytérien, a déclaré :

Il a donc été jugé plus opportun de les obliger (les membres de la Fraternité) à adhérer à cette religion que tous les hommes approuvent, en laissant leurs opinions particulières à eux-mêmes.

En 1813, la Grande Loge énonce sa position comme suit :

Quel que soit la religion ou le mode de culte d'un homme, il n'est pas exclu de l'ordre, pourvu qu'il croie au glorieux architecte du Ciel et de la Terre et qu'il pratique le devoir sacré de la moralité.

C'est ainsi qu'a été établie une vision globale des religions, qui est totalement en guerre avec le christianisme.

Ce concept est anti-chrétien parce qu'il présume que toutes les religions peuvent être résumées dans un concept global du Grand Architecte. Le Christ a spécifiquement condamné cette approche.

On peut donc conclure que la franc-maçonnerie n'est pas compatible avec le christianisme et qu'il s'agit bien d'une religion en désaccord avec le christianisme.

En 1816, tout ce qui pouvait exister de la religion chrétienne dans la franc-maçonnerie a été supprimé, afin de favoriser le concept d'un Dieu universel permettant aux hommes de toutes les religions de participer aux rituels des loges. Le Dr James Anderson, le ministre presbytérien dont je viens de parler, a effectué la "restructuration" des rituels francs-maçons en Angleterre :

La croyance dans le G (reat) A (rchitect) O (f) T (he) U (niverse) et sa volonté révélée, sera une qualification essentielle pour l'adhésion.

La franc-maçonnerie affirme qu'elle n'invite ni ne sollicite jamais les hommes à la rejoindre. Dans la brochure intitulée *Information for the Guidance of Members*, que chaque nouveau maçon reçoit, on peut lire (page 22) :

> La question de la sollicitation inappropriée de candidats a été soulevée à de nombreuses reprises et le Conseil estime qu'une déclaration à ce sujet serait utile. Il n'y a aucune objection (c'est nous qui soulignons) à ce qu'une approche formulée de manière neutre soit faite à un homme qui est considéré comme un candidat convenable pour la franc-maçonnerie. Il n'y a pas d'objection à ce qu'on le rappelle, une fois, que l'approche a été faite (c'est nous qui soulignons).

Ainsi, non seulement les maçons sollicitent de nouveaux membres, mais une fois qu'ils ont été approchés, on les "rappelle". La brochure poursuit :

> Le candidat potentiel doit ensuite être laissé libre de prendre sa propre décision sans autre sollicitation.

Ce conseil sur la sollicitation de nouveaux membres a été adopté à l'origine par le Conseil des buts généraux, le 9 décembre 1981. Ainsi, lorsqu'un candidat à son initiation signe qu'il a adhéré de son plein gré, ce n'est pas toujours vrai. Une fois initié, il est possible pour un Maçon diligent de s'élever de l'Apprenti au troisième degré de "Maître Maçon".

Ces hommes sont soigneusement surveillés en tant que candidats possibles aux secrets supérieurs, où se trouve la véritable vérité sur la maçonnerie. Mais la grande majorité des francs-maçons ne sont jamais "élevés" au-delà du troisième ou du quatrième degré. Les trois premiers degrés représentent certainement la majeure partie des membres de la franc-maçonnerie. Les soi-disant degrés supérieurs sont également connus sous le nom de "degrés supplémentaires", du Maître secret au Grand Inspecteur général, et en Angleterre, ils sont contrôlés par leur propre Conseil suprême résidant à Duke Street, St James London. (C'est l'une des nombreuses maisons "Grace and Favor" appartenant à la reine d'Angleterre).

L'initiation à ces degrés est ouverte aux maîtres maçons sélectionnés par le Conseil Suprême. Ces Maîtres Maçons sont généralement "repérés" très tôt par le Maître Secret qui assiste "incognito" à diverses réunions de la Loge dans ce but. Seul un nombre insignifiant de francs-maçons qui franchissent le pas au-delà du troisième degré parviennent à atteindre le 18ème degré intermédiaire, Chevalier du Pélican et de l'Aigle, et Souverain Prince Rose Croix d'Hérédité. Plus ces quelques personnes vont loin, plus le nombre d'abandons augmente.

Le 31ème degré (Grand Inspecteur Inquisiteur Commandeur) est limité à 400 membres. À ce niveau, le véritable caractère de la franc-maçonnerie est exposé aux deux tiers. Le 32ème Degré de Sublime Prince du Royal Secret ne compte que 180 membres et le 33ème Degré de Grand Inspecteur Général, prééminent, est limité à 75 membres. Ces chiffres ne s'appliquent bien sûr qu'à la Grande-Bretagne. Lorsqu'un franc-maçon atteint le 33ème degré, il est prêt à accomplir n'importe quel devoir qu'on pourrait lui ordonner.

Les guerres et les révolutions ne sont qu'une partie du jeu. La "guerre contre Dieu" et la "guerre contre le christianisme" sont deux des cris favoris des francs-maçons du 33ème degré lorsqu'ils se réunissent en secret. Les 4ème aux 14ème Degrés sont conférés en une fois et en nom seulement lors d'un rituel spécial tenu à cet effet.

Le 18ème Degré, le 19ème et le 29ème sont donnés pendant le site d'initiation du 30ème Degré. Ceci afin de forcer les candidats sélectionnés à continuer à "progresser". Le 30ème Degré est celui de Grand Chevalier Élu Kadosh ou Chevalier de l'Aigle Noir et Blanc.

Les trois degrés à partir du 31ème degré sont conférés individuellement. La maçonnerie doit s'assurer qu'un candidat est prêt à passer à une échelle qui lui était jusqu'alors inconnue !

CHAPITRE 22

LA MAÇONNERIE INOFFENSIVE

A ucun Maçon ne peut dépasser le 18ème degré sans l'accord unanime du Conseil Suprême. Les premier, deuxième et troisième degrés peuvent être qualifiés de "maçonnerie inoffensive", car les excès, tant physiques que spirituels, les complots contre les gouvernements, la haine du Christ et du christianisme ne sont jamais révélés aux maçons en dessous du 25ème degré. Il n'est pas étonnant que les Maçons du troisième degré et le public en général considèrent cet organe très secret de notre société comme une simple société philanthropique dédiée au bien de toute l'humanité.

La majeure partie des membres de la franc-maçonnerie ne se donne pas trop la peine de découvrir ce qui se passe dans les soi-disant "degrés supérieurs" du Rite Ancien et Accepté. Si et quand ils le font ou sont capables de le faire, ils pourraient bien reculer d'horreur, surtout les chrétiens, et renoncer à leur adhésion à la franc-maçonnerie. Deux exemples d'hommes qui ont découvert la vérité sur la franc-maçonnerie et l'ont quittée, ainsi que leurs réactions anxieuses face à ce à quoi ils avaient été impliqués, se trouvent dans des lettres qu'ils ont écrites à leurs églises respectives après s'être exilés de la franc-maçonnerie. Naturellement, leur identité ne peut être divulguée par crainte de représailles :

> Pendant longtemps, en tant que chrétien, j'ai toujours défendu avec force la maçonnerie, pensant pouvoir concilier ses philosophies et ses préceptes, censés être fondés sur l'enseignement de la morale et de la charité — avec le christianisme. Mais après avoir été élevé aux très hauts degrés, j'ai vu à quel point j'avais été aveugle, et avec quelle efficacité l'ennemi utilise ses armes de subtilité et de rationalité dans le processus d'aveuglement. C'est dans les degrés supérieurs que j'ai découvert les véritables maux et horreurs de la maçonnerie.
>
> L'esprit de Dieu a ouvert mes yeux spirituels et m'a permis de voir ce que je faisais. J'étais en esclavage du mal et je ne m'en étais pas rendu compte. C'était la chose la plus difficile qui soit de ne pas être "profondément troublé par des images sexuelles obscènes" dans son sommeil et pendant ses moments de prière. Son subconscient était profondément imprégné de sentiments de soif de sang et de meurtre de ma famille et de mes proches.

L'homme était une personne stable, mûre et équilibrée, sans antécédents de troubles mentaux ou d'aberrations sexuelles de quelque nature que ce soit (avis médical d'expert à l'appui). Se sentant menacé, il a suivi une thérapie au cours de laquelle il est apparu que les images sexuelles, le sang et les couteaux étaient étroitement liés aux symboles de la franc-maçonnerie, le sang et le couteau avec lesquels il était tenté de tuer des membres de sa famille étant liés aux serments de la franc-maçonnerie. Après un traitement intensif et l'imposition des mains par des prêtres qualifiés de l'Église anglicane et des exhortations au nom de Jésus, les images perturbatrices ont disparu dès qu'il a quitté la franc-maçonnerie, et ces images et sentiments ne sont jamais réapparus.

Les serments de la franc-maçonnerie sont très soigneusement cachés aux "étrangers". Ces dernières années, la franc-maçonnerie a pris encore plus de précautions pour garder bien cachées ses sanctions mortelles en cas de violation des serments. Au premier degré, les règles suivantes s'appliquent : Obligation. Sanction physique omise. En d'autres termes, il n'existe pas de nos jours de sanctions écrites pour les peines physiques. Elles sont maintenant confiées pour exécution aux Degrés Supérieurs à partir du (18ème Degré). Mais j'ai découvert au moins une partie de la menace écrite pour la "punition physique" qui est décrite de la manière suivante :

> Mon frère, par votre comportement doux et candide ce soir, vous avez, symboliquement, échappé à deux grands dangers, mais il y en avait un troisième, qui, traditionnellement, vous aurait attendu jusqu'à la dernière période de votre existence. Les dangers auxquels vous avez échappé sont ceux du S et du S. Il y avait également ce ct avec un N courant autour de votre N qui aurait rendu toute tentative de retraite fatale.

Il ne fait guère de doute que les mots "avec un N courant" signifient corde au cou, c'est-à-dire mort par pendaison, comme Roberto Calvi l'a découvert trop tard. Les peines sont toujours décrites ainsi. Dans un autre imprimé, j'ai trouvé ce qui suit :

> À la peine symbolique un temps incluse dans l'obligation (aujourd'hui bien cachée) dans ce Degré, s'il avait divulgué abusivement les secrets qui lui étaient confiés, ce qui impliquait qu'en homme d'honneur, un FCFM aurait préféré avoir l'Iblo, le thtt et les gttrbs de ta ou d bts ou tap.

(Personne d'autre que le récipiendaire du 33ème Degré Maçon ne connaît la signification de ces symboles.) On ne peut qu'imaginer les punitions décrites dans ces lettres.

L'une des peines les plus effrayantes que j'ai rencontrées pour avoir rompu les serments maçonniques était la suivante :

> Je jure solennellement d'observer tous ces points, sans rétractation, équivoque ou réserve mentale d'aucune sorte, sous une peine non moins sévère, en cas de violation de l'un d'entre eux, que vous soyez coupé en deux, que vos entrailles soient réduites en cendres, et que ces cendres soient dispersées sur la surface de la Terre, et emportées par les quatre vents cardinaux du ciel, afin qu'aucune trace ou souvenir d'un misérable être aussi vil ne puisse plus être trouvé parmi les hommes, en particulier parmi les maîtres maçons.

Lorsqu'un vénérable maître est élevé et installé, il reçoit un avertissement sur la sanction qui suivra certainement s'il rompt ses serments et ses vœux :

> Se faire couper la main droite et la mettre sur l'épaule gauche pour qu'elle se fane et se décompose.

Lors de la cérémonie d'exaltation à l'Arche Royale de la Maçonnerie, l'initié est clairement averti que la peine attachée à l'obligation est "celle de souffrir la perte de la vie en ayant la tête arrachée". De nos jours, des déclarations aussi directes n'apparaissent pas. Au lieu de cela, les punitions sont liées à des symboles et des lettres. Cela ne s'est produit que depuis 1979, lorsque le Grand Maître a déclaré qu'il n'était plus "approprié" d'exprimer les peines sous leur forme actuelle. Ce qu'il faut retenir, c'est que les punitions n'ont pas changé ! Ce qui a changé, c'est qu'elles sont désormais cachées aux étrangers !

Des milliers de livres, pour ou contre, ont été écrits pour

tenter de répondre à cette question. En tant qu'étudiant sérieux de la franc-maçonnerie avec trente ans de recherches approfondies à mon actif, ma réponse est que la franc-maçonnerie peut être décrite dans les termes suivants :

❖ Il s'agit très certainement d'une société secrète fermée qui, pour des raisons inconnues, est autorisée à fonctionner dans une société libre et ouverte telle qu'une démocratie chrétienne occidentale.

❖ La franc-maçonnerie est très clairement une religion basée sur les cultes antiques et le culte satanique. Elle est antéchrist et antichrétienne et s'est depuis longtemps consacrée à l'éradication de la foi chrétienne, bien que cet objectif soit soigneusement dissimulé à la majorité de ses membres, en particulier ceux des trois premiers degrés.

❖ Elle est révolutionnaire par son caractère et ses objectifs. Il est bien connu que la franc-maçonnerie a été responsable au moins des étapes de planification de la Révolution française.

❖ La franc-maçonnerie représente le renversement de l'ordre existant des choses, et de toutes les religions sauf une.

❖ La franc-maçonnerie exige une obéissance absolue à ses serments.

❖ Les peines encourues en cas de non-respect du serment de discrétion ou de "trahison" des secrets maçons sont sévères et peuvent aller jusqu'à la mort par pendaison dans les cas extrêmes. D'autres punitions physiques moins sévères sont fréquemment infligées à ceux qui rompent le serment.

❖ La franc-maçonnerie, tout en prétendant obéir aux lois du pays dans lequel elle opère, travaille en silence pour changer les lois qu'elle juge indésirables.

❖ On trouve des francs-maçons aux plus hauts sièges du pouvoir dans les gouvernements de tous les pays, ainsi que dans le secteur privé, les affaires et le commerce. En tant que telle, la franc-maçonnerie est une force incontrôlée exerçant un pouvoir immense qui peut, et a déjà, changé le cours de l'histoire.

❖ La franc-maçonnerie est une société morale, éthique et philanthropique uniquement jusqu'au troisième degré. La grande majorité des francs-maçons ne dépassent jamais le troisième degré et ignorent donc la véritable nature, les buts et les objectifs de la franc-maçonnerie.

❖ La franc-maçonnerie est un gouvernement qui opère au sein d'un gouvernement officiellement élu, au détriment de ce dernier.

❖ L'aspect caritatif de la franc-maçonnerie est un masque et n'a aucune crédibilité, à la limite de la tromperie. Il s'agit d'un masque et d'une couverture pour les véritables objectifs de la franc-maçonnerie.

❖ La franc-maçonnerie a fait un tort immense à la cause du christianisme et est responsable de la perte de millions de vies dans les guerres et les révolutions depuis que la Révolution française a éclaté en France.

❖ Le test final est de savoir si elle est compatible avec le christianisme ?

❖ Les chrétiens peuvent-ils aussi être maçons ?

Aux deux questions, la réponse est un non catégorique ! J'ai reçu des affirmations selon lesquelles Washington DC possède de nombreuses structures maçonnes construites en tant que bâtiments publics ou gouvernementaux, et que son plan a la forme d'un pentagramme. Il est difficile de prouver ou de réfuter certaines de ces affirmations, mais un bâtiment qui semble correspondre à l'affirmation maçonnique est le Pentagone. Le pentagone est un symbole occulte. Le bâtiment a été conçu par John Whiteside Parsons, un sataniste avoué. L'architecte était George Bergstrom, mais on ne sait pas s'il avait un lien quelconque avec la maçonnerie.

Les véritables secrets de la maçonnerie ne seront peut-être jamais révélés à l'humanité et il est donc très difficile pour un auteur d'échapper à la critique lorsqu'il examine un sujet aussi complexe que la maçonnerie. Mais cela ne signifie pas qu'il ne faut pas essayer.

Si certaines de mes affirmations sont erronées, je m'en excuse, car elles ne sont pas écrites dans un esprit de nuisance aveugle, et j'espère que des Maçons plus qualifiés que moi les signaleront, afin qu'elles soient corrigées.

Déjà parus

OMNIA VERITAS LTD PRÉSENTE :

par John Coleman

JOHN COLEMAN

LA HIÉRARCHIE DES CONSPIRATEURS
HISTOIRE DU COMITÉ DES 300

Cette conspiration ouverte contre Dieu et l'homme, inclut l'asservissement de la majorité des humains

OMNIA VERITAS LTD PRÉSENTE :

JOHN COLEMAN

PAR
JOHN COLEMAN

LA DIPLOMATIE PAR LE MENSONGE
UN COMPTE RENDU DE LA TRAÎTRISE DES
GOUVERNEMENTS DE L'ANGLETERRE ET DES ÉTATS-UNIS

L'histoire de la création des Nations Unies est un cas classique de diplomatie par le mensonge

OMNIA VERITAS LTD PRÉSENTE :

JOHN COLEMAN

LA DYNASTIE ROTHSCHILD

par John Coleman

Les événements historiques sont souvent causés par une "main cachée"

La formation politico-militaire la plus extraordinaire qu'ait jamais connue l'humanité

Je ne prends pas la défense de l'Allemagne. Je prends la défense de la vérité.

Nous vivons sur une falsification de l'histoire

À l'origine, c'est un mouvement de militants socialistes et d'anciens combattants qui sauva l'Italie du bolchevisme...

Il était venu au pouvoir pour éviter l'anarchie, le chaos, la guerre civile...

OMNIA VERITAS
OMNIA VERITAS LTD PRÉSENTE :
JULIUS EVOLA
LE MYTHE DU SANG &
SYNTHÈSE DE DOCTRINE DE LA RACE
ÉLÉMENTS POUR UNE ÉDUCATION RACIALE
La conscience de la valeur de la race se révèle dans un ensemble de normes que l'on peut retrouver dans les anciennes civilisations.
Les forces mystiques qui étaient à l'origine des forces du sang et de la gens

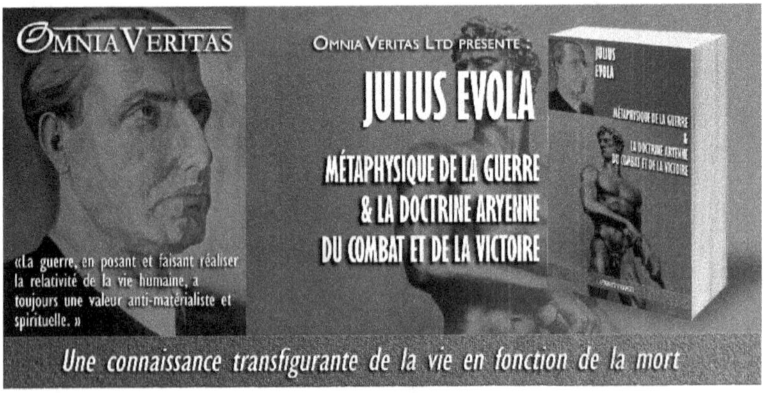
OMNIA VERITAS
OMNIA VERITAS LTD PRÉSENTE :
JULIUS EVOLA
MÉTAPHYSIQUE DE LA GUERRE
& LA DOCTRINE ARYENNE
DU COMBAT ET DE LA VICTOIRE
«La guerre, en posant et faisant réaliser la relativité de la vie humaine, a toujours une valeur anti-matérialiste et spirituelle. »
Une connaissance transfigurante de la vie en fonction de la mort

OMNIA VERITAS
OMNIA VERITAS LTD PRÉSENTE :
JULIUS EVOLA
MÉTAPHYSIQUE DU SEXE
Une vaste fresque tout entière consacrée à l'expression spirituelle et mythique de l'amour sexuel.
Les significations essentielles de la puissance qui anime cet univers de l'Eros

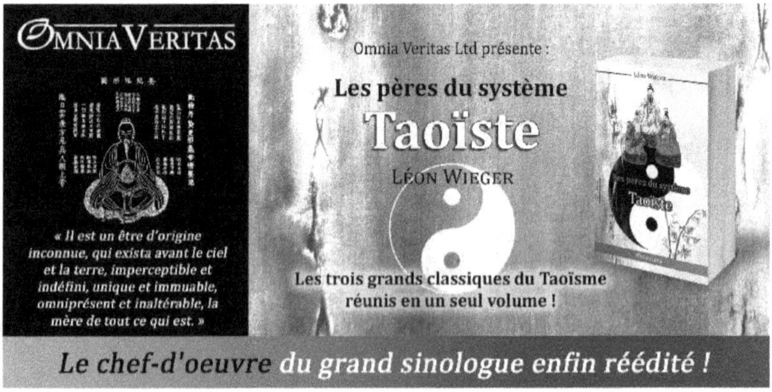
OMNIA VERITAS
« Il est un être d'origine inconnue, qui exista avant le ciel et la terre, imperceptible et indéfini, unique et immuable, omniprésent et inaltérable, la mère de tout ce qui est. »
Omnia Veritas Ltd présente :
Les pères du système
Taoïste
LÉON WIEGER
Les trois grands classiques du Taoïsme réunis en un seul volume !
Le chef-d'oeuvre du grand sinologue enfin réédité !

OMNIA VERITAS
Omnia Veritas Ltd présente :
Dans cette étude, il y a un principe fondamental, qui ne doit jamais être oublié sous peine de ne rien comprendre à l'histoire du monde...
LUCIFER &
le Pouvoir Occulte
La judéo-maçonnerie, les sectes, le marxisme, la démocratie, synagogue de Lucifer & contre-église
Les bras de la pieuvre incarnant la Synagogue de Satan, c'est-à-dire la Contre-Église

www.ingramcontent.com/pod-product-compliance
Lightning Source LLC
Chambersburg PA
CBHW070916270326
41927CB00011B/2596